梅山集

이 책은 2015·2016·2017·2018년도 정부(교육부)의 재원으로 한국고전번역원의 지원을 받아 수행된 '권역별거점연구소협동번역사업'의 결과물임

This work was supported by Institute for the Translation of Korean Classics-Grant funded by the Korean Government

韓國古典飜譯院 韓國文集校勘標點叢書

梅山集 6

洪直弼 著

金昌孝 金成恩 申相厚 李貞恩 校點

凡例

本文

1. 이 책은 洪直弼의 文集인《梅山集》을 標點·校勘한 것이다.
2. 이 책의 底本은 韓國文集叢刊 第295·296輯에 실린《梅山集》이다.
3. 판독이 어려운 글자나 誤脫字는 국립중앙도서관 소장의 筆寫本《梅山集》(한46-가1088)을 參照하여 校勘하고 校勘記에 '校正稿本에 근거'라고 밝혀 주었다.
4. 本文의 誤謬로 의심 가는 점이 있으나 根據할 만한 對照本이 없을 경우에는 校勘記에 그 내용만 언급하였다.
5. 本文에 쓰인 異體字 가운데 현재 일반적으로 通用되지 않는 글자는 모두 代表字로 고쳐 쓰고 校勘記는 달지 않았다. 代表字 여부의 판정은 韓國古典飜譯院 異體字 檢索시스템을 準據로 하였다.
6. 板刻이나 筆寫 과정에서 관행적으로 通用하던 글자는 文脈에 맞게 고쳐 쓰고 校勘記는 달지 않았다.
   예) 己 已 巳, 簫 蕭
7. 이 책에 사용된 標點符號는 다음과 같다.

。	疑問文과 感歎文을 제외한 文章의 끝에 쓴다.
?	疑問文의 끝에 쓴다.
!	感歎文이나 感歎詞의 끝, 강한 語調의 命令文·請誘文·反語文의 끝에 쓴다.
,	한 文章 안에서 일반적으로 句의 구분이 필요한 곳에 쓴다.
、	한 句 안에서 竝列된 單語 사이에 쓴다.
;	複文 안에서 구조상 분명하게 竝列된 語句 사이에 쓴다.
:	완전한 引用文의 경우 引用符號와 함께 쓰거나, 話題 혹은 小標題語로서 文章을 이끄는 語句 뒤에 쓴다.
" " ' '	직접 引用된 말이나 強調해야 하는 말을 나타내는 데 쓰되, 1차

引用에는 " "를, 2차 引用에는 ' '를, 3차 引用에는 「 」를 쓴다.

【 】 原文의 註를 나타내는 데 쓴다.

· 書名號(《 》) 안에서 書名과 篇名 등을 구분하는 데 쓴다.

《 》 書名, 篇名, 樂曲名, 書畫名 등을 나타내는 데 쓴다.

＿＿＿ 人名, 地名, 國名, 民族名, 建物名, 年號 등의 固有名詞를 나타내는 데 쓴다.

□ 빠진 글자의 자리에 쓴다.

▨ 毁損된 글자의 자리에 쓴다.

目次

梅山集 卷二十九

記

題跋

梅山集 卷三十

題跋

銘

箴

贊

箋

祝辭

昏書

告祝

梅山集 卷三十一

祭文

梅山集 卷三十二

哀辭

神道碑

梅山集 卷三十三

神道碑

梅山集 卷三十四

神道碑

碑

梅山集

卷二十九

記
題跋

記

少連、大連遺墟記【戊戌】

殷太師罔僕于周，遯世于東，推九疇之道，宣八條之敎，故吾邦之民，首被仁賢之化，化夷爲華，開荒闢陋，與中國幷稱。

而亦有列諸聖經者，少連、大連是已。《禮記》孔子曰"少連、大連，善居喪，三日不怠，三月不懈，期悲哀，三年憂，東夷之子也"，《家語》子貢問曰"聞諸晏子，少連、大連，善居喪，其有異稱乎？"，孔子語之如此，末云"東夷之子，達於禮者也。"

夫子又擧少連，與夷·齊、虞逸、朱張、柳下惠，幷許逸民，又謂柳下惠、少連"降志辱身矣，言中倫行中慮，其斯而已矣"，朱子釋之曰"少連事不可考，然《記》稱其善居喪，則行之中慮，亦可見矣"，又曰"七人隱遯不汚則同，其立心造行則異。柳下惠、少連雖降志而不枉己，雖辱身而不求合，其心有不屑也，故言能中倫、行能中慮"，又擧其善居喪者，載諸《小學》，爲永世模範。

以海左偏邦之人，而得此於孔、朱二夫子者，炳然爲吾東之耿光，豈直爲當人有數之知遇哉？

少連、大連，居海州州城東門外首陽山下槐木亭，世傳其遺墟。南有二島，名之曰二子島，北有二臺，名之曰二子臺，二子相參其地，地靈攸鍾，所以生二連歟！

夫子之欲居九夷者，必以箕聖之國，少連之鄉也。海之人士，取首陽之名，立淸聖廟，以祭夷、齊。夷、齊求仁得仁，靡所怨尤，與箕聖天地變化，我得其正，同時而一揆，且與少連齊名，則其祀於箕聖之國、少連之鄉者，不期而然，亦可異焉。

二連之於夷、齊，兄弟之幷名，同得夫子而名者又同焉，而海人之獨祀夷、齊者何哉？以降志辱身，有遜於不降不辱歟？抑貴遠而賤近歟？聞有短碑，秪刻名字，頹踣荒壟，而亦莫見竪云，矧其大者乎？

嗚呼！地相去萬里，而猶贊述乃爾，居是邦者，寥寥乎表章，是不知《烝民》首章之義者也。水不忍廢，地不忍荒，謹述斯義，援筆而爲《遺墟記》，用告于篤論之君子，爲闡揚至德之眞諦云爾。

道谷書院記【丁未】

北青府東二十里道藏峯下，有所謂道谷齋者，髦士肄業之所也。

卽齋之右，刱精舍，祀文正公尤菴宋先生，歲久垂圮。改建三楹，配侑文正公陶菴李先生，又有齋、祭之室，誦讀之堂，休息之廬，庖、湢、庫、廐、門、垣咸備，將圖惟永遠而勿壞焉，苟非尙德、崇賢之苦衷、至誠，亦何以與此哉？

蓋北青卽肅愼氏故都，而山川雄秀，風氣剛勁，其地靈亭毓，殊絶於諸邑，而地近塞，俗尙懻忮，儒敎不行，逮老峯閔文忠公興學北路，有邑子進士孟道傳，首先請業，老峯愛其穎悟，亟施身敎，贈以婚服及喪、祭禮，用作全省之指南。又有孫萬全、李義植，摳衣于丈巖鄭文敬公，與聞淵源之正，丈巖贈以眞像及尤菴心畫，有若孫榮祖之於黃江，李泰章之於芝村。林芝秀，劉汝豪之於陶菴，咸蒙蛾逑之化，陶菴特書經訓、章句，俾資其講習，於是乎士風丕變，趨向歸正，而方識尤菴、陶菴兩先生倡明表準之功烈，爲始終條理也。

及正宗丙午，柳公知養來守是邦，存心儒化，移奉丈巖影幀于龍岳齋，又享老峯于孟氏山庄，月吉會講兩齋，仍購兩先生遺編而藏焉。

嗚呼！尤菴先生以間世英豪之姿，際遇孝廟，身任尊攘之大義，中途泣弓，事無可爲，則退藏崦巖，而猶眷眷乎寧陵遺託，以明天理、正人心爲己責，閑先聖之道，闢異端之說，實孟、朱以後所未有也。

陶菴先生以明體適用之學，知幾如神，不俟終日。值辛壬羣兇蔑貞，世禍滔天，聖誣罔極，國是靡定，而先生擔夯斯道，尤嚴於忠逆、邪正之辨，公私、義利之別，引一線於羣陰之底，扶九鼎於旣壞之中，而興起斯文，挽回世敎，功化之盛，當爲尤菴後一人也。諸君之必祀兩賢者，豈非以三綱五常，賴兩賢而增重，爲萬世之耿光哉?

院儒劉允晦千里而至，致多士之請，謁不佞記之，竊惟諸君之爲斯學，非直爲觀美也，其心以爲庠塾樂育之地。

必其高明整飭，俾爲師爲生者，居之而安則其志靡所撓奪，而爲教也必專，爲學也必固，庶幾培養英才，有以裨補世程，永底于平康。蓋其苦心所注者乃爾，則凡學於此者，詎不知感奮而作新哉?

北路文禮之盛，素遜於東南，而乃人之得於天而具於性者，則何曾有毫髮差殊乎? 斯文之興替，本於天而係於教化，以故八閩、百越，乃昔之蠻夷荒服，而宋、明以來，開荒闢陋，文明比隆中華，地何限於遐邇哉? 惟存乎斅學之如何耳。況北關，聖祖興王之地，而聲教熙洽，靡遠不曁，安知北路儒化之興，不復覩於今日乎?

諸生之登斯堂而有志於學者，信能求之於經傳，體之於身心，而發之於日用、常行，由內而及外，務其本而不遺其末，則漑根食實之效，國家永有賴焉，而兩先生精靈，亦安於芬苾，不亦休哉?

諸生有事于廟，仰瞻兩先生陟降在上，儼乎其若臨，如承謦欬，警策不怠，則江·漢、羹·墻之慕，其不在玆乎?

吾又懼後進之不能繼先進，故幷述其先進承學之故事，用告于來者，諸君乎! 其欽念哉!

蠱石記

艮爲山爲石，陰中之陽，陽中之陰，陰精補陽，故山含石。石之爲物，在天爲星；在地爲骨，氣化所鍾，顯靈不忒。故怒而擊之則武；憂而擊之則悲，且能産于崑，言于晉、趙，浮磬、列錢，蘊玉、生金，而又有化女望夫之異者，非一二數，豈非感應之所致哉?

我東泰封王弓裔，以新羅遺孼，見棄於家國，托身緇徒，倔起羣盜之中，竊據黑壤，建國稱元，奄有三韓之二。然素性凶暴，嗜殺不休，戕害妻子，屠戮公卿，生靈魚肉，擧懷曷喪之心。弓裔每言"江涸、石蠱吾乃亡"，一夜龍潭江水涸爲平陸，環都邑百里，石盡蠱毁，北至于劒拂嶺，西至于花巖，東南至于龍潭、大灘，不多日而亡如其言。

東史云"裔聞麗祖擧義，驚曰'王公得之，吾事已矣'，以微服出北門，遁于巖谷，信宿飢甚，偸截麥穗，尋爲斧壤民所害"，諺傳："裔至青鶴山，挺身立斃，將臥埋而尸終不僵，卽其形而築石爲墳，仍爲叢祠，三防卽其所也。"

三淵金先生嘗過三防，題其墓云"弓王弓劒寄他山，石築蓬科亂水閒。猶有排衙峯列戟，路人於此摠低頭"，又云"君臨大陸肆威靈，用物弘多魄亦獰。聞有愚氓曾刼寶，片時魂骨碎風霆。"，可想傳聞之不爽也。

淵翁亦嘗賦東洲蠱石曰"天地饒淸淑，如何爾稟頑。媧皇未施手，嫫母巧同顔。鑿鑿千錐入，瘢瘢萬痘斑"，其形象之醜惡可知也。

青州貢怪石，蘇子瞻云："齊安江上美石，與玉無辨。其文如人指上螺，精明可愛，雖巧者繪畫有不能及。豈所謂怪石者耶?"

古者"稽首常則，玉石章明"，"神靈滋液，爰有石華"，唐虞盛世，天墜、地出，用備貢獻也，宜哉。凡物之姸媸，生于相形，而磁石吸鐵，琥珀取芥，"氣類潛通，數亦冥會"，天之報施善惡，詎有人物之殊哉?

精誠所到，金石亦透，則稔惡而矢言者，孚應如響，變化如神，豈謂理外之理哉?

昔海外有形語之國，口不能言，而相喩以形，其以形語也，故捷於口，夫天機之動，忽焉而成，如蠱石者，以蠱而語者也。

余每遵大灘而北，覩其齒齒鑿鑿，磊砢硉矹者，如螬食蚋嘬，錐鑽刀鑱，大小高低，無一拳完者，竊有會於天人感格之妙。爲作《蠱石記》用備永世之監戒焉。

宋洪洞記

白岳一支，逶迤而東，爲鷹峯，鷹峯爲昌德、昌慶兩闕之鎭。昌慶宮之東，爲國太學，太學東北，有洞名宋洪，此何以稱焉?

尤菴宋先生祖先世居于玆，吾先祖判尹公入本朝，首拜判漢城尹，卜宅于崇敎坊，卽亦玆區也。後承蕃昌，散處泮水東西，世稱“洛陽東村滿地洪”，此其所以名也。

玆區也洞府寬暢，局勢圓正，又有雲林之勝。有巖陡起十數尺，孤標特秀，廉稜而不露鋒刃，淸越而若叩瓊瑰，白傅詩“隱起璘璘狀，凝成瑟瑟胚”者，爲斯石準備語也。

尤菴大書“曾、朱壁立”四字，鐫諸石面，銀繩鐵索，可想巖巖之象也。

巖罅僅容一指，無水土包涵，而青蛙產其中，以時出沒，亦可異焉。猶華山桃花生于石縫，着之卽生，不由核種，是所云“氣有潛通，數有冥會”者也。物性之變化，有不可以常理限者如此。

噫！判尹公後孫，流散京鄕，如飄蓬泛梗，吾家亦自曾王考贊成府君，已離泮村，舊宅今爲四賢祠矣。昔李文饒爲平泉別墅，採天下珍木怪石，備園池之玩，至云“鬻平泉者，非吾子孫，以一樹一石與人者，非佳子弟”，瘐死南荒，身且不保，况平泉乎？何其欠達觀也？其貽譏於百世者固也。

吾先祖廉約爲度，傳十數世而始離舊基，較文饒得失何如哉？寔垂裕於後昆，諒無隕于前構。

撫韋家之宿事，勞想欽承，懷王氏之門風，深願祖述，是乃吾苦心，而及今癃病瀕死，不復擬議。到此詎不憑心而興喟哉？

洞舊有塾，泮僕鄭學洙敎授於其中，克修竪拂秉牌故事，冠童百餘人，彬彬有西河之風，間已累易主矣。

尤翁後人欽象戒之，謂不宜屬別人，買取書齋，栽花種果，用添其形勝，斯可謂修族代而不遷，遵世守而不失也。

戒之沒而不克保有，余亦無以爲力，任其變遷。徒誦宋洪洞名，有媿戒之大矣。

嗚呼！水不忍廢；地不忍荒，其何敢忘哉？

花石亭重修記

坡州治之西二十里，有所謂栗谷，谷不深，谷之北岸，有所謂花石亭，亭不高。然栗谷之花石亭，聞於中國，聞者莫不願見也，豈非以其人哉？

栗谷李氏之有也，自康平公諱明晨，築亭而世守之，五世而文成公出。文成之學，學者宗之，世稱栗谷先生，而先生八歲登斯亭，有"山月江風"之詩，光、霽氣象，見於其詩，故詩傳而亭亦傳。向使李氏不居，而先生之詩不作，夫孰知坡州之有栗谷，而栗谷之有花石亭哉？

康平之作是亭也，所思者遠，故取平泉莊一花一石之語以名之，夫一花一石之不以與人，斯亭與平泉一也。然平泉花石，一經黃巢之亂，皆爲有力者取去，贊皇之莊，自是無聞焉，而斯亭也旣廢復興，更數百年，巋然如一日，而過者爲之延佇，惟恐一花一石之見傷也。

豈亭臺園池之久不久，不在一花一石之不以與人，而在一花一石不以與人之外歟？必有能辨之者。

歲丁未，李氏子孫相與謀，鳩材而重修之，尸其事者曰奎信，走京師謁文者曰敏迪、敏元。

或曰："亭不可不修乎？康平所遺，在一花一石之外，先生所守，亦在一花一石之外，爲其後承者，守先生之所守足矣。彼居楔而塗墍者，不亦末乎？"

不佞曰："不然。先生道全德備，所以廣大而精微，高明而中庸者，自朱子而下，鮮有其倫，故後人所以賢賢而親親者，寤寐羹墻，愈久而愈不衰，夫旣親之矣，則不得不曰'維桑與梓，必恭敬止'，夫旣賢之矣，則不得不曰'水不忍廢，地不忍荒'，亭惡可不修也？"

嗟夫！去先生之世，于今且三百年所矣，流風、餘韻，邈乎其不可攀焉，獨斯亭在。學者之登斯亭也，訪先生之所遊，誦先生之所賦，頫昂乎山月、江風之間，以求其高明、廣大之象，則斯亭也亦不爲無助矣。是爲記。

楊州牧學重修記

楊之爲州，在漢師之左，不百里而近，猶西京之有馮翊。地大、人繁，其士大夫守族望而重文學，其民善俗而務本，故其鄉校之盛，亞於國學，非他郡及也。

太上生知安行，其次學知勉行，太上不恒有，則師友講習，洵不可已。是以崇昔聖王，設爲敎法，俾薰陶、觀感而成就之。格、致、誠、正，以進其德，詩書、六藝，以居其業，祭祀鄉社，養老以肆，其禮升降、俯仰，周旋、磬折，以觀其容，自幼至長，未嘗去於學，此所以淬勵、點化，日遷善而不自知也。

傳曰“百工居肆，以成其事”，學校者，其士君子之肆乎！楊之學宮營建久，竪雨、橫風，幾不可支，今州牧金侯愼根纔下車，修舊、起弊，百度俱貞。旣謁先聖、先師，退而歎曰“吾責也。其敢不蕕？”，肅學之章甫，與究修葺之圖，捐廩而先之，一邑胥勸，或佽以財，或相以力，徐莘輔、崔景濩、李敬燮、李炳一、權槩、金愚容、徐永錫、永溫其人也。

經始於夏，背秋涉冬而工告訖，殿廡之陊者，翼然而桷，齋室之墟者，櫛然而芋，丹雘之漫者，奕然而章，庖、湢有所，鼎、俎有次，噫！何其惠而勤而周也？

雖然立學將以講學，苟有學而不講學，講學而不以實，其所謂學，止是空洞一屋。廢、興、成、毁，何與於世敎也哉？

丘文莊公濬曰“學校之設，非爲士之貧而養之也，又非欲羣其類而習爲文辭也。自孔門高弟，猶勤勤於問仁、問孝、問知、問政，後之士不逮遠矣。倘離羣索居，蔽其所習，則固陋、乖辟，無自以進於道”，栗谷李先生歎近世鄕學之弊曰“師恬于倚席，弟子嬉于東閣，鄕飮禮廢，敎庭草沒”，由前言而知朋遊爲可樂，由後說而知敎弛爲可懼。然則金侯所以殫心繕學，以復故常，豈苟然爲一鄕之觀美哉？髦士乎！其欽念哉！

人性出於天，而不係風土，故雖下州、僻邑，苟有奮發而自修者，罔不卓然有成立，矧乎密邇京國，聲明、風化之所先及者乎！州之士，踵門而請曰“願有述”，遂書此而歸之。

孝子里旌閭閣記【庚戌】

海州東六十里鰲川上不周山下，有所謂孝子里，孝子卽高麗贊成川隱李公孟芸而我太祖以御筆三字旌厥宅里者也。

公生稟異質，性純於孝，麗社旣屋，引謝疊山‘母在不死之義’，負親逃海，入少連、大連之鄕，卜居于玆區，山樵、水漁，以供甘旨，愉色、婉容，以養心志。

侍湯則夜帶嘗糞，焚香禱辰，守制則啜粥、廬墓，指禿穿臼，馴致冰潭躍鯉，雪田產瓜，至誠攸格，無感不通，時人之目以王祥、曾子者，實無媿焉。

移孝爲忠。痛心鼎革，掛朝冠於東峴，灑淸風於雷首與杜門洞七十子，晦身土室，矢心自靖。發孤憤於聲詩，和牧隱之黃花，聖朝三徵，不奪所守。其懷松、采薇之節，凜凜乎洞窮宙而媲三光，公之孝，可謂有始有終。於乎懿哉！

噫！君臣之倫，靡所逃於覆載，不容間於食息，而麗氏舊臣，滔滔是欺天、譋人，賣國、販君。惟公以小微子遺裔，承大隱公庭訓，又從圃、牧、冶諸賢遊，倡明絶學，講究性理，見得極天罔墜之大經、大義。卽其充養有素，乃能所在盡分。

卜商之竭力，殷仁之罔僕，咸萃于一身，儘朱子所云“活孝推將去”，而古語“兩節幷弘，二理同極”者，其庶幾乎！

猗歟！我聖祖，以武王式商容之心，範天地、廓淵藪，讚徐甄之詩，訪元天錫之閭，封趙狷、南乙珍於松山、沙川而未聞旌表門閭。

獨於公命碣其里而特揭勝國官銜，　奬忠、褒孝之典，一擧而該盡，奎章爛日星，丹楔耀鄕井，建極規模之仁厚宏達，於斯爲盛，可但爲礪世敎尙名節之一端哉？

下百世而聞公風者，靡不激勸興慕，以忠則腏享于表節祠，以孝則追配於達禮祠，用極其崇報，而視公舊里則烏頭赤脚，巋然炳烺於百劫滄桑之餘，使人起好懿之良心，思與之齊，然則斯閣之存，其有裨於民彛物則者，詎可量哉？

爲公雲仍者，圖所以聿修毋忝，錫類不匱，乃不負國家象德、崇賢之盛意，李氏乎！其欽念哉！洪武丁丑始旌閭後四百五十三年崇禎之四庚戌記，謁文者，卽公後孫最綗誠力篤摯，亦不可以不書也。

遊三藐記【壬子】

冠岳山靈秀傑特，競勢爭高，層巖峭壁，如綠鬟青螺，不可名狀，卽所云“結成元氣之始，超出太虛之中”者也。

爲國都案對，與道峯、三角參焉，望之有如峨冠博帶，上朝天帝之象。故亦名卓冠，漢南羣山，固多可賞，而若加題品則皆此山之兒孫也。

丙申梧秋，與李子岡、吳瑞五，期會玆區，爲一遊度，中秋初吉，李子岡至自靈芝山中，訪余于玄石江榭。仍聯轡出郊，吳弁聖錫從焉。涉露梁造瑞五所，瑞五俶裝以待。

午饋訖，或輿、或騎，發向北紫霞洞，洞是玆山出入之闊，淸泉、白石，喚醒耳目。舊有申氏水亭而今毁矣。

尋三藐寺而止焉。寺臨山腰，梵宇宏崇，斲石爲柱，國內羣刹之所無有也。寺前有樓，樓軒敞四達，水色、山光，若相蘸然，儘瓌觀也。

凴欄竟晷，見落照西沉，爲誦金北軒詩“金戈在手無由挽，坐想文山一片心。”之句，自不禁感唏。

夕宿丈室，晨起上樓，時大霧彌天，山潛海沒，萬象渾沌，有鴻濛未判底意，可供奇賞。

俄而雨灑淋鈴，千林風動，萬壑雷鳴，亦可聽也，向晚收霽，洞天物色，煥然改觀。下山入瑞五所午饁，携子岡從流而下舟，泊玄石登東樓，擧酒爲別。

凡恒人之情，其目悅而其體不適則不能久留，雖匡廬、羅浮、青田之名勝，皆㬥日中踞巉巖，無從容優遊之趣，如傾蓋之交，縱極歡喜，而因之仳離。

玆樓則摠溟岳之勝，聚名區灝氣於樽俎之間，不費笻屐而極心目之玩。不其快而適乎？

有謂“玆遊之盛，自吾輩始”，余曰：“身後名，於我何有，有不可不傳者。”昔南沙川乙珍，趙松山狷，徐樊塘甄三賢者，遯世自靖，披髮入山，結三幕于玆區，遙望鵠嶺失聲痛哭，用舒榛苓之思、麥禾之恨，名其臺曰戀主，後人取禪家語，改三幕以三藐，改戀主以影炷，出於忌諱也。

應有精靈赫赫在泓崢之中，怳若操几杖而聽叱咤，是豈湮滅而無稱乎？後之尋眞玆山者，必攀三賢遐躅，求其不死之心哉！

余卜居于露湖，伏枕垂死，回憶舊遊，李、吳兩賢，俱作秋柏之實，叵耐遼鶴之感，力疾泚筆，用備山中之一故事焉。

題跋

敬書丙申二月四日正廟上疏後

"殿下之於臣，卽一天也。頂踵毛髮，莫非賜也，覆育生成，莫非德也，臣之生年二十五歲，皆得於造化涵育之中者也。

臣感戴洪私，銘心鏤骨，惟以問寢視饍，爲區區報答之計矣，不料我殿下不知臣不肖不克負荷，乃以一日萬幾之繁，擧而畀之。

其事則至嚴、至重；其責則至艱、至大，顧臣愚魯，豈有一分冒當之望？而瀝血控辭，至再、至三而不能得，則分義所迫，黽勉承膺，已數月于玆矣，夙夜祇懼，如集于木。

迺者聖上深軫宗統之重，永爲根本之圖，遂於上冊之餘，特擧賜號之禮，且榮、且感，罔知攸措。雖隕結、糜粉，何足以仰酬其萬一哉？抑臣有私情之萬萬痛迫者，今因事會之發，而危衷益激，不能自抑，欲言而聲先呑，欲書而涕先注。

嗚呼！此殿下之所不忍聞；小子之所不忍言，而遂終泯默，則是自阻於仁覆之天，而臣之情私，永無可曓之日也。玆敢大聲疾號，泣血陳懇，惟殿下哀憐而垂察焉。

噫！ 壬午處分， 卽我聖上爲宗社不獲已之擧也。以大聖之心，行達權之道，環東土大小臣民，孰敢有異議於其間？ 況臣之保殘喘得至今日者， 罔非殿下之洪恩焉？

高天、厚地，泰山、深海，未足以喩此感激，則在臣報效之道，惟當信之如四時，守之如金石，至於傳萬世而無弊也。

假使怪鬼不逞之徒， 敢生希覬之心， 肆發追崇之論，而臣乃爲其所慫慂，妄欲移易義理，則是實爲殿下之罪人，非特爲殿下之罪人，亦將爲宗社之罪人，萬古之罪人。皇天上帝，臨之在上，宗廟神靈，質之在傍，臣焉敢誣也？ 臣焉敢誣也？

至於《喉院日記》， 盡載其時事實， 無人不知， 無人不見，見者傳之，聞者議之，流布一世，塗人耳目，臣之私心哀痛，殆窮人之無所歸也。

夫閭巷匹庶之有情理悲切者， 則終身含痛， 如不欲生。 臣雖愚頑，亦有一段不泯之心， 而今乃高臨貳極，儼對百僚，豈不有痛于心？ 豈不有泚于顙乎？

若以爲臣之哀痛， 或有碍於殿下之處分云爾， 則此有不然者。 蓋殿下之處分， 卽天理之公也，臣之哀痛，亦人情之極也。處分自處分，哀痛自哀痛，眞所謂幷行而不悖，兩存而無傷也。

若又以爲無《日記》，則無以徵信處分云爾，則此亦有不然者。夫國朝典故，俱在簡牒，金匱、石室，藏之名山，千秋萬代，移動不得，又安用日記爲也？

嗚呼！《日記》之存不存，在殿下處分之如何，而臣之所以自處者，惟有遜避儲位，沒身屛處，只以一日三時 恭修起居之職而已。言之及此，不覺腸摧而心裂，籲天而無從也。

伏乞殿下悲之矜之，諒之察之，亟收臣聽政之命，仍去臣儲貳之任，以全終始慈覆之恩，不勝大願。”

我正廟代理之翌年丙申二月，上章陳情于英廟者如右。仁之於父子，義之於君臣，聖人之於天道，有性焉。

歷選載籍，遭人倫之變而極人倫之至者，惟舜、周公是已。蓋處人倫之常者易；處人倫之變者難，而正廟所値，比舜、周公尤難。處其難而得其正，此所以盡性也。

夫天下之道，有經、有權，經者萬世之常；權者一時之用，而正廟所以處斯義者，守經已矣，建天地、質鬼神、俟聖人而不惑者也。

孟子曰“經正則庶民興”，羣黎百姓之“於戲不忘”者，將閱千刦如一日，猗歟盛哉！

斯疏也，上以闡聖祖傳付之精義，下以敍哀痛罔極之至情，仍之章貳本嫌微之旨，杜亂賊覬覦之心，一字一句，咸出於至誠、惻怛，而純乎天理。

以故仰格宸衷，處分得中，慈、孝兩盡，止其所止，卽朱子所云“父慈則感得那子愈孝，子孝則感得那父愈慈”者也，聖人所以爲人倫之至，而於天道有性云者，於是焉可見矣。

羅仲素云"天下無不是底父母"，陳了翁贊歎曰："如此而後天下之爲父子者定。" 莊獻世子當以無不是底父母爲心，正廟以先世子之心爲心，所以仁之盡而義之至也。

或有擬倫於仁宗上靖陵疏，而仁宗所處，固出於因心之至德，然比正廟猶爲常也。斯事也不忍聞、不忍言，而情眞語到，義理極精微，辭旨極正大，三代以後所創有底文字也。

每一擎讀，不覺淚流臆涕漬紙也。是當與虞、夏詁訓，幷垂于無止，而或恐因忌諱而失傳於來世，俾我正廟盡倫之盛德至善，晻翳而不章，故不揆僭妄，而闡明如此云爾。草萊賤臣洪直弼，拜手稽首謹書。

敬書壬戌五月十三日王大妃殿諺教後

諺教若曰：

"未亡人，苟延頑喘，逢此時崩霣冤號之中，聞'禮曹援例典章，將欲上號'，而實有不敢安受之義，導達于主上矣。至有賓啓之擧，大臣、諸臣，何不悲予之心而察予之情乎？

非不知四百年典禮之重，先朝臨御二紀，未嘗一受徽號，非爲謙挹而然也，斯有精義在焉。雖他日傳受之時，決不可許稱美之擧爲教，玉音丁寧，尙若在耳，在廷諸臣，想承聞矣。

未亡人今日所處之位，卽先朝他日所擬之地，今若迫於羣請，受先朝之所不受，他日將何顔見於先王乎？未亡人情事，若不如此，則國家常行之典，何敢辭巽乎？四百年典禮自典禮，先大王及未亡人精義自精義，今日則精義典禮，竝行不相悖。他日則決不可以未亡人一人精義，爲援據之例，大臣、諸臣皆知悉此意，察予切悲，使未亡人俾有歸見之顔。”

此我王大妃殿下所下賓廳諺教而飜書者也。於戲！其有讀此教而不賈涕者乎？大王喪畢，大妃受冊例也，受冊則受號亦例也。正廟大祥前一月，大宗伯援例陳請，大妃不許。

大臣率卿宰詣賓廳啓請，又不許，仍下此教，於戲！欲求先王之心，舍是教何以哉？

嗚呼！先王臨御二十有五載，一不受徽號者，非無稽也，以豐亨豫大之擧，義有所不忍耳。我先王處人倫之變，含哀茹恤，四十年如一日，每無樂乎南面，故不事彌文，以情則戚，以義則正，是爲度越百王之盛節也。

惟我慈聖之心，先王之心耳，以故太母之勸焉而不敢承順，聖子之勉焉而未忍便從，公卿大夫之庭籲焉而終不回聽者，以有精義存焉耳。斯義也，先王之所秉執也，慈聖所以不受章。先王之義耳。

以齊體之尊，闡先王之志事者，歷選載籍，孰有如我聖母之於先王也？此傳所謂“賢妃、正女，夙夜警戒，相成之道”焉者耶？

嗚呼盛哉！慈教若曰“今日所處，卽他日所擬”云者，以先王嘗有脫屣千乘之志，而雖授受之際，不欲受徽號，未及成曠絶千古之盛擧，而慈聖所處之位，卽先王前日所擬故云爾。

又曰“典禮自典禮，精義自精義”云者，以國朝之典禮而不失所守之精義，以所守之精義而不廢國朝之典禮，受之者典禮也，不受者精義也。義之所在，禮有時而變焉，禮是緣情而制義者，則如慈聖今日所教，豈非合人情而符天理者乎？然則亦何拘於常禮哉？

臣竊嘗讀正廟丙申三月十日下教矣，其所以明祖禰繼體之義，彰貳本嫌微之旨，永杜亂賊覬覦之漸，三代以下所未有也。

今我慈聖諺綸，可以匹美齊休，而當與虞謨、商誥，相爲表裏。古人謂“讀出師表而不下淚者，是無人心也”，於此敎亦云爾。

壬戌五月卄八日，草莽臣洪直弼，拜手稽首謹書。

又書

諡法自周公出，而孔子曰“諡以尊名，節以壹惠”，此統上下言也。

君之喪，羣臣上諡，以尊顯其聲名也，亦當節其大者，以專其善可矣。故《記》曰“大行受大名，細行受細名”，行出于己，名生于人，謂諡號也。

後世所謂“尊號”，非周公之所制也，孔子之所論也，卽出於讒諂、面諛之徒，引其君以非義耳。君子之事君也，責難而已，焉有生謚其君，而勉其受者哉？

死謚猶當有節，曷可以金印玉冊，贊頌功業，以獻於當宁之地耶？堯、舜大聖也，而元、凱諸公，未聞有請號，而述巍蕩之德者，三王迭興，亦莫不然，豈不足於敬君而然哉？以下之請上之受，俱非理義之正也。

蓋自李唐歷宋、明，世受徽號，作爲典禮。而曁我祖宗，聖神相繼，豐功盛烈，銘彝鼎、垂簡策，自可以不朽永世，則固無待乎區區揄揚，而夙夜於明廷者，擧不免循常襲舊，視爲敬君之大節。惜也！不知不敬之莫大乎是也。

昔漢世祖令上書不言聖字，非撝謙也，乃敍實耳。聖未嘗自聖，則何可以處崇高之位，而自居以聖也？當時諸臣，將順其美固也，後之人臣知此義者寥寥。

唐穆宗，衰季庸主也，猶拒上號之請曰“强我懿號，不若使我爲有道之君，加我虛尊，不若處我於無過之地”，其言慤實，當爲百世章程。穆宗之所爲，反謂吾君不能耶？

文淸公金鎭圭終始立異於明陵上號之議而曰“不欲使吾君受數字之號，而永有‘一謙四益’之報。今何敢不顧彌文之有損於實德？”至儲君疏請而猶不苟同，其忠愛之心，豈不及於諸人哉？人臣之義，務引君以當道而已，孟子所謂“莫如我敬王”者，文淸之謂歟！

朱子謂“有活孝死孝”，愚謂“忠亦有死忠活忠”，活忠惟文淸可以當之。如此者，方可謂“爲人臣止於敬”也。彼自托闡揚，而鎭日庭籲，不準請則不止者，乃婦、寺之愛，是所謂“死忠”也。

上焉而服穆宗之言，下焉而遵文淸之論，可以兩得之矣。今也慈聖殿下行千古宮壼所未有之𪫧擧，微衷自激，從而爲之說如此云爾。臣直弼又書。

題大邱府李掾再昌碑帖後【辛未】

古之仕者世祿，耕者九一，祿穀旣平，而無一夫不得其所，以故有恒産而有恒心。

周道廢，均田制祿之法，蕩然無存者，仕者得祿，莫足以代耕，耕者勤動，不得以養親，無恒産矣，心惡得以有恒哉?

故傳曰“旣富方穀”，《管子》曰“倉廩實而知禮節，衣食足而知榮辱”，司馬溫公當用人，先問士大夫家計足否，士大夫猶然，況小人乎?

吾邦郡邑胥史，自羅、麗來，莫不有祿，以代其耕，以養其廉義。入本朝亦命給復，而未足以充一人之食，仍無常俸，自未成童，執役于官，以至老死，晨而入夜而出，旣奪時于爲工，又不暇乎爲賈，且無地可耕，而扞格不能爲人傭賃，衣食之原絶矣。

人不能蟬腹而龜腸，則不得不費心機於倉庾，翻手勢於田賦。刀筆所弄，塗擦改易，小則冀目前之無事，大則出萬死而不顧，上以欺國家，下以病民生。

是豈所樂爲，亦豈爲一身計哉？以仰事、俯育之無其術焉耳。苟欲其一芥不取，則蚓而後可。人非伯夷，安能乃爾。

賢者而後責備，中人以上，可以語上，今乃以士所不能者，責於此輩可乎？ 是猶驅納於罟擭、陷穽之中，而曰不知避，玆豈可行而得者者哉？

凡人之生，均有恒性，豈以掾吏而無仁義之心哉？ 爲上者愚之以權數，虐之以淫刑，置諸化外而不人其人，至謂之國必亡於吏胥之手，不已過乎？

俾處於必死之地，自阻於好生之天，是罔民之大者也，盡人性、贊化育之意，豈端使然哉？

今有人於此，居傴刀、削券之列，勵淸冰、苦蘗之操，至使一邑之民，樹豐碑而誦義無窮，大邱府吏李再昌是已。

再昌服役至戶長，深愛達于官，實惠覃于民，府之四境，咸立石而題之曰"淸心寡慾"之碑，其子光道亦有碑，以誌其遺惠永思也。

兩世五碑，磊落相望，間被雨水所漂沒，其孫大潤，齋心以得之，設閣以護之，幽顯、闡微，用圖厥傳，斯已奇矣！大潤以廉貞世其家，爲首吏又有惠政，無愧爲二祖之孫云。

一日使其弟興潤，持碑帖要一言。余病閣筆硯久矣，將何所發揮哉？ 且其人自不朽，亦何資余言？ 然斯事也，千萬人中乃一人而已耳，亦安得以無言哉？ 碑之顯晦，諸跋盡之，秖識所感于中者曰："無恒産而有恒心者，不在乎君子而在乎小人，小人之養，卽在乎君子。願秉成之君子，講究均田制祿之方，俾爲吏者，人人盡如李再昌、光道焉。"

題七代祖考牧使府君告身後

右告身一度，卽我七代祖考牧使府君拜公州牧使敎旨也。府君由蔭路進，屢典州郡，內外官誥，咸逸于兵燹，惟此一度存耳。

家君褙起而戢之，用作傳家之珍，珍之也以有關於世敎之汙隆，非直以先世遺躅，而視爲一家之私而已也。

府君除邑在萬曆四十八年庚申。庚申之于今日，爲一百九十八年，皇明之屋社，亦已一百七十有四年，而定陵松柏，無枝起風，嗚呼悲哉！

皇朝年號之存乎公私書籍者，寥寥乎無稽，後生、童孺殆不識萬曆、崇禎之爲何稱，惟玆尺紙能不隨滄桑而消盡，如萬屋俱焚，靈光獨存，詎不異哉？

靑氈微物也，王獻之戒其勿失，菩薩畫佛也，蘇子瞻守之以身者，以其家世之舊，而先人之所愛也。況斯幅所書者，先祖之姓諱 所揭者天朝之年號乎？又況得全於易天壤倒冠屨之餘者乎？其所以勿替引之者，可但如二氏家物之無足重輕哉？

凡列府君後承者，興漑鬵、浸苞之感，存忍痛含冤之心，深藏此紙，以待日月雙懸之辰而出之可矣，嗚呼！其有日乎？適足以愾我寤歎乎！秪宜傳德襲訓，用世厥聲，不失爲大明遺民而已，嗚呼唏矣！崇禎紀元後四丁丑季夏上澣，七世孫直弼謹跋。

敬題毅宗皇帝遺詔後

“朕自登極十七年，上邀天罪，致虜陷地三次，逆賊直逼京師，諸臣誤朕也。朕無顔見先帝於地下，將髮覆面，任賊分裂朕尸，可將文武盡皆殺死，勿壞陵寢，無傷我百姓一人也。”

崇禎十七年甲申三月乙巳，闖賊李自成犯京師，丁未上登萬歲山之壽皇亭，自經而崩，披髮御藍衣，跣左足右朱履，衣前書遺詔如右。

是所謂“亡國正其終”也。國亡死社，用盡正終之義者，歷選載籍，只有我先帝一人。是爲“聖人定之以中正仁義而立人極焉”者歟！

歷代遺詔，不盡出於玉几顧命，擧咸從後代撰，而婦寺之手分現化者多矣。我先帝當天地崩坼之日，雍容、整暇，賜六宮自盡，又手書末命，拳拳乎陵寢、生靈，卽其志念之眞切，辭旨之惻怛，而所養之正可知也。

斯詔也，當與殷《盤》、周誥，相爲表裏，而未聞三代之亡，有斯事也。

先帝燕居莊敬，晨起見上帝，然後視朝，不邇聲色，不殖貨利，大東罷貢，便殿停香。記注重珥言之臣，寒暑御文華之講，進岳牧而察民疾苦，體羣臣而尊禮賓師，以至素服論囚，蠲逋、弭亂，罪己則撤聲樂，賑飢則發內帑，又出陳沅以適人，至矣哉！

凡興邦之事，靡所不具，然而馴致喪亂，至於斯極者何哉？周道之亡，亡于幽、厲，而不亡于𪗋狐，漢業之亡，亡于桓、靈，而不亡于山陽。明祚之終，已在乎泰昌、天啓。皇輿敗績，天祿隕墜，雖有聖人者作，亦何以造命哉？每讀《明史》，未嘗不痛恨於光、熹也。

當時失身讎賊，狗彘不食之徒，自念不免法義之誅，乃反肆爲誣衊，或曰"寵田妃、任宦官以致亡"，或曰"貪利、惜財，用以致亡"，或曰"好自用以致亡"，擧亡國之咎，歸之君父，冀寬己誤國喪義之辜。

轉相告諭，作爲公案，且筆之書，以欺天下萬世之耳目，將與失德、喪邦之君，比倫而同貶焉，此忠臣、烈士所以腐心切齒於此輩者也。

此輩罔體股肱、心膂之托，惟背公、死黨是事，惟貪財、黷貨是務，不能出一謀、畫一策，用紓宵旰之憂，乃於桑海貿遷，實錄無徵之餘 敢爲倒上下而變白黑，卽其罪上通于天矣。

然其何傷乎聖德哉？知人則哲，帝堯之所難，是豈易言哉？逆閹肆虐，魚肉搢紳，一時善類，幷歸騈戮，其不爲夕陽之震酖，首陽之滂屍者無幾。獲全於鋃鐺、桎梏之餘者，擧皆心死，氣節消盡，其充塞要津，布列朝廷者，多是魏客遺孽之改頭換面者耳，其賣國、販君，甘心屈膝固也。此所以十七年中，易四十相者歟！臨朝發歎，至謂"朕非亡國之君，諸臣盡亡國之臣"，而遺詔所云"諸臣誤朕，可將文武盡皆殺死"者，殆以此也。

嗚呼！"四海所以不理，有君無臣"云者，非是之謂歟？

然蕁蟻之贄御，誓欲前驅，芟舍之大夫，下從九京，甚則一門伏劒，闔室自焚，以至於皁隷、菜傭，亦爲之立慬。

上行下效，捷於影響者如此，無培養拊循之素，而可以襲取乎？傳所云"未有上好仁而下不好義"者，詎不信哉？

君臣相須，致命遂志，成就一箇是，日月不足爲明，泰山不足爲高，天地不足爲大，是豈惡口、雌黃之可容於其間者乎？

每歲奉諱，敬讀遺詔，用寓攀髯之慟，遇是年是月是日，彌不堪"於戲"之思。歔欷扼腕，援筆而題于左旁。

題方正學筆蹟後【乙酉】

"或謂居士'吾當往端谿，可爲公購硯'，居士曰：'吾兩手，其一解寫字，而有三研，何以多爲？'曰'以備損壞'，曰：'眞硯不損。'"

此方正學先生手眞也，端谿硯爲天下第一名品，與墨俱入，與水爲出，着指猶濕，停旬未涸，劉夢得詩"尋常翰墨次，恨不到端谿"者，殆爲此也。

採石者輒祭以牛羊，不爾則雷電失其所，所以爲希世之珍也歟？以故中州士大夫，非斯硯無以侑圖史承鉛槧焉！人之爲公購者，其意良厚，而公拒之如此，亦可見辭受之嚴也。

硯是四譜中一，爲物甚雅，而猶乃爾，矧其大於此者乎？昔人有云"苟非吾之所有，雖一芥而不取"，若公者庸非其人耶?

蓋硯者只要磨墨和濡而已，龍尾、鳳咮、馬肝、鷺駐，顧何益於實用哉? 卽好事者之爲耳。規規於石品精麤者，是亦玩物喪志，所以無取乎端石歟!

昔包孝肅拯知端州，官滿不持一硯歸，比諸趙淸獻琴鶴又加難矣。使公而爲端州，當法包公也審矣。

意者，購硯者爲守是邦，或以使价往。故喩之以斯義，俾之得正歟! 己所不欲，勿施於人者歟!

余素昧趯勒之妙，固不解字學工拙，而槩知其爲心正攸發也。高揭壁上，奕奕有光氣，摩挲感唏而書之。

硯以鈍而壽，故得一硯終身服用不盡，傳之子孫而有餘，公之三硯，亦已多矣，又何須於端硯哉?

其曰“眞硏不損”，其言達理，苟非體道之眞者，安能與此哉? 凡物之稟，得其眞者，不虧其性，况鍾天地正通之氣，爲眞正英雄者，詎壞其天器乎?

如公之湛十族靡悔，視百死如歸，成就一箇是者，卽眞者不損耳，今公之云，非喩硯，乃喩己也。稱物自況，允蹈其言，老氏所謂“修其身，其德乃眞”者，豈不信哉?

君子之闇章，小人之的亡，由眞與不眞耳。名生於眞，非其眞，弗以爲名。公之名，與日月爭光，閱萬劫不損，可但硯之以世計者哉?

題千歲曆後 贈庶弟若弼【庚寅】

右《千歲曆》卽我正廟命雲觀測驗百歲而成者也。肇自元年丁酉，至丙子爲百歲，而名之曰千歲者，所以寓無疆之祝，而亦可以致千歲之日至也。

吾東不解曆法，惟中夏所頒是循，迨世宗朝，創行推筴之法，曆象授時之義，於是焉立，而若至《千歲曆》，卽英陵後所始有者也。是可占左海人文之永暢，前聖、後聖其揆一也。

斯書也爲吾家三世葆藏，題面三字，卽祖考參判公手筆，而小題及圖章，皆先考手澤，則其爲珍也，可但比王家之青氈，蘇氏之龍硯哉？

是宜吾子孫所傳守，而與庶弟若弼者，視若弼子孫，猶吾之子孫也。若弼以身守之，施及爾幼子、童孫，俾知聖朝欽若之政，祖先心畫之傳，永永勿替，毋若伯魯之簡也。

繼述之難，覆墜之易，古今所通患，詎獨一卷書爲然哉？若弼乎！欽念哉！

題許滄海詩集後【癸巳】

右卽，大明處士滄海許公格詩藁也。丁丑媾成後，公登小白山，北望痛哭，因之沒齒自靖。

常讀《春秋》以寓志，不觀胡淸曆，有述懷之什曰：

中宵起視衆星繁，歷歷猶知北極尊。
開闢從來幾宇宙，帝王今日各乾坤。
君臣忍屈崇禎膝，父老爭含萬曆恩。
青史莫論今日事，天無二日仲尼言。

送人使燕詩曰：
天下有山吾已遯，域中無主子誰朝？
尙令人擊節流涕也。

公以屬國下士，爲天子守節，其秉執之正，可以立天經而勵風教。三淵先生許以洗耳之淸、蹈海之志者，眞賞音哉。

公歿過百年，而虜運不窮，吾邦國勢削弱，薪膽之願自忘，珠、幣之役益恭，每欲起公於九京而相與叱咤也。

然婦、孺輿儓，猶知尊周之爲義，拜犬之爲羞者，卽公風節歆動所致然耳，詎不韙哉！公臨終，手書一絶云：
天地幾時盡，無涯還有涯。
江城一甲子，飄忽劇春花。
尤警絶不似烟火人口氣。上下兩詩，俱逸于斯集，亦出於後人所掇拾歟！

公少日請業于東岳李文惠公，李公賞公詞賦爲揚、馬者流。後高揖辭世，世、我相忘，則悲憤、不平之鳴，壹發於詩，雄渾有韻格。

自谿、澤以下東溟、柏谷諸鉅匠，以至傳示皇朝詞伯，咸嘖嘖稱美。然有作輒焚、裂，未嘗留草，所以若斯其尠歟！

先立其大，故恥以一藝自名歟？抑出於謝皐羽西臺歌招，竹、石俱碎之意歟？零金、瑣羽，彌可珍焉。

是卷也，故牧使徐公簡修所傳寫，而今爲林禹鉉士文所藏，士文嘗示余，摩挲久之，不忍去手，挹菊露題下端而歸之。士文乎，誦其詩學其人，無徒求諸聲律之末也。

題近齋先生《實記》後【甲午】

右《近齋實記》一部，卽先生胤子宗輿元得氏所纂輯也。公纍然憂服之中，茹哀銜恤，柴骨、欒心，而猶追述過庭見聞爲斯編，倣家傳也。

先生道學、文章、節義三者，本末、源委，靡所不該，苟不固以天性而爲知己者，曷能幽顯闡微乃爾？

傳曰“孝子揚父之美”，又曰：“有善而不知，不明也，知而不傳，不仁也。”公則知德深，故狀德眞行，將不朽於永世，豈若世人假空言而張之哉？

蓋有其實者，雖無文而自彰。然若不筆之於書，亦何以稱揚而明著哉？然則先生至德、凝道，默而成之者，亦待文而始傳，是不可以已者。詎但寓公羹墻之慕哉？

編旣成，公屬不佞以狀德之文曰“知吾先子者，惟有子與吳士敬耳，待狀就，當請壙誌于士敬”，士敬老洲吳公表德也。

不佞分不敢當，而亦不敢辭，擬俟識隨學進而下筆矣，公遽下世，不佞又荐罹喪、病，殗殜床笫，常恐風燭奄及，無以副公至意。

故勸公嗣子雲壽景龍甫，持《實記》乞銘于老洲，以難待狀文也。狀纔屬藁，而老洲丈人又捐館矣。

老洲胤子致成氏，還是編于不佞而曰"先人以近翁文字屬草之遷就，悶歎之辭，屢形於燕申而畢竟未就，不肖情事，尤當如何?"卽此而可知素志攸存也。

老洲慕先生至篤，嘗稱爲幷世羣賢之冠冕，每讀遺集而曰"朱子謂'明道之言，一見便好，久看愈好，所以賢、愚皆獲其益'，余於近齋亦云爾"，是爲所悅服而發者也。

老洲亦嘗擬述先生遺事，而幷隧誌未遂。世無復知德，靡可以屬筆，斯乃齎恨於千古者也。不佞曾附《實記》于文集原編，合爲一部，還老洲本于景龍，感平生之知遇，攀遺編而愴涕，謹題其事于下方如此，用備三家子孫述舊講世之資焉。

題《忠逆辨》後贈韓文五【甲午】

右《忠逆辨》，卽常窩李公所著。而肇自東、西分黨，以訖于乙亥逆獄，名正、言順，辭約、意該，可備百世之公案者也。

夫好惡之偏而傾軋生焉，傾軋之極而邪正分焉，邪正之爭而忠逆判焉。斯編也，原始、要終，卽末、推本，而以"黨比之私，卒無以滅秉彝之衷"結之，其憂患世敎之意，亦深切矣。

東京韓君運聖從余遊，顧聞國朝以來黨禍顚尾，故特擧斯編，俾得以潛心諦究，不迷於所趨焉。

蓋嶠南一區，如中國之雍州，水土深厚，風俗質直，無浮靡便儇之習，導之以善則篤於仁義，故儒賢輩出，從享聖廟者，居其四焉，當爲諸路之最。

然尙質之弊，往往不擇善惡，而惟主先入，入主出奴，執一不回，惜其擇術之失於巫、匠也。

往哲有云"嶺中自誣辱栗、牛兩賢之後，絶不産人才"，至于戊申麟、亮之變而極矣。是皆黨習之所膠固，利害之所誘、怵以致然耳。

然天經地義之根於心者，亦應有消泐不得者，不終被其詿誤，信能從事斯編，則亦可以犂然而會，翻然而改，如大寐之得醒。若是者不囿於風氣，而自反於正經，是所望于全嶺之髦士。

題凝齋李公文集後【丙申】

凝齋李公，卽辛壬士禍時五人中一人也。五公者，以韋布之身，與國家大計，思出位而犯非分，縱若非士子之常經。然不幸値危急存亡之幾，忘其位、分，而要戮力於扶傾、補敗者，是爲權而得正，卽世臣之畢義、盡忠者也。

羣兇視五公如仇讎，始之鍛鍊、羅織，置之極律而後已，終焉齗齗把持於伸雪之議，力戰萬口一辭之公論，不如此，誣案之根柢自拔，聖躳之受誣自辨，其心所在，路人所知也。

凡被禍於誣獄者，雖人有醇、疵，事有過、不及，而要之爲立慬則一也。以故賤如白望而亦當斷以一冤字，况翊護貳極，用基億萬世無疆之休，如五公者哉？卽其滿腔熱血，秖應百死靡悔，詎可謂“貪天爲功”乎？未可與定策之四大臣差殊觀也。

兇徒之必欲與鏡、虎諸賊對偶者，卽是爲建德報仇，固不可說，至若吾黨之士，往往被邪說所誤，區別五人於死事諸賢之中，謂“不軌於正義。”若是者縱出於責備，適足以自毁，豈不爲諸賊之嚆矢乎？

以故陶菴李文正公、夙夜齋閔文忠公、貞菴閔文元公，皆許五公以爲國忘身，立論忠恕，幷時羣哲，翕然信服，豈有私於五公而云爾哉？爲其關正名之大義耳。

蓋講明義理者，當先觀其頭腦，苟屑屑於枝葉者，必傷於大體也。且忠逆、邪正，如陰陽、黑白之不相混，出於此則入于彼。斥五公者，同歸於賊邊，可不懼哉？

逮英廟己丑，洗補大訓，國是永定，正廟嗣位，首先褒恤，收錄後孫，純廟初服，又加貤典，五公殉國之丹衷，於是焉畢伸，百年化碧之血冤，卽可以無憾矣。是爲建儲大義築底處，知言者議論不可復到也。

凝齋公鍾毓名門，英才絶倫，可以丕鋪鴻藻，賡黼黻、笙簧之需，炳然爲家國之光，而世禍自廢，不少槩見，終致一死報君，功著存社，卽其落照詩中“孝子忠臣一苦心”一句，可見其素蓄。此志士、仁人之所共嗟嘆者也。

零金、片羽，獲全於崑岡烈炎之餘者，印行久矣。常誦其詩，如見其人，而愛慕之實，豈直以曠世希音哉？

公叔父忠文公後孫容準元平，手寫一本，要不佞題其下方，謹叙所蘊結者歸之。

題《栗谷全書》後贈閔孫泳和

栗谷李先生大東之孔子也，吾東之學，至栗翁而始破荒、闢陋，人文宣朗，天德、王道，靡所不具，且其滿腔公心，與天同大，以人底軀殼，包天底意思者也，渼湖所贊"豁然天開而海闊，皎然日光而玉潔者"，眞善形容氣象也。

殿栗翁而作者，非不爲盛，而苟無栗翁爲之開先，則亦何以立標準而正門路哉？謝上蔡有云"曾子之學，專用心於內，故傳之無弊，觀於子思孟子可知"，吾亦云："觀於沙溪尤菴，而知栗翁之獨得其宗也。"

"爲天地立心"，"爲生民立道"，"爲往聖繼絶學"，"爲萬世開太平"，四者惟栗翁可以當之，而吾黨之士，均受罔極之恩也。

外孫閔泳和，相守數月而歸，衰懷作惡，不能自聊，出家藏《栗谷全書》一部而贈之，汝必終身誦法，用副我愛慕之苦衷哉！於是焉得力，則學可造明、誠，治可躋雍熙，靡所處而不眞正，汝其欽念哉！

題《皇明殉節錄》後【戊戌】

《皇明殉節錄》，卽清人所編輯，而名之曰"欽定勝朝殉節諸臣錄"者也。

甲申殉節及爲弘光、隆武、永曆、魯王殉節曁死於寇難者，諸臣一千六百六十三人，職官四百九十五人，士民一千七百二十八人，且士民從諸臣及職官死者，亦近二百人，一門伏劒，闔室自焚者，又不可勝數，以至兩京之甃井充塞不容，是自有君臣以來，所創聞者也。

蓋國亡君死，卽禮之大經，而歷選載籍，寥寥乎無聞，寔允蹈之者，惟毅宗一人而已。且其衣帶有詔，愍恤百姓，卽其字字熱血，可以感天地而泣鬼神。

以故憑生者少而蕣蟻者多，趨義如流，視死如歸，是所謂"上有好者，下必有甚焉"者。其所孚感，如呼吸桴鼓，是豈人力所致哉？

乾隆之世，爲贈殉節諸臣謚，職官及士民則立祠祀之，而殉毅皇正終如范景文、倪元璐等二十八賢，以有弘光時賜謚幷存而不擧，至若壬午殉節方正學諸公，宜冠冕卷首，而反載終篇，何其失先後之序也？

意不在褒、奬忠烈，裨補世程，只要其誇張功德，賺得耳目，自不覺其倒置歟？死義諸公，罔不氣激傾輈，志堅化碧，皜皜乎與日月爭光，則當視虜人以仇讎，其所被闡揚者，辱也非榮也。

石窌、河西，盡有吾君之痛，風馬、雲車，猶聞殺賊之聲，其肯受其所不可受者哉？且諸人之致命遂志，卽以天理當然，吾不得不然耳，亦何與於身後之名哉？然則其存刪之不公，次序之不倫，又奚足道哉？

忠烈公秋潭吳先生嗣孫慶元氏，寤寐先休，拳拳乎尊攘大義，旣輯公私文獻，纂成《小華外史》，又就《殉節錄》原本，整釐名目，置范、倪諸賢於上頭，始克成書，然後名正言順，可垂永遠，亦可以藉手而拜忠烈也。

昔江陰陳鼎廉訪崇禎以後死難死事者，得四千六百餘人，作《忠烈傳》六十餘卷，其書中逸不傳，僅存《姓名錄》五卷云。其多少、取舍，未知視此書如何，而要之可與相爲表裏者也。

信能摭立慬事實爲列傳，則可備一部惇史，而非局於見聞者所可爲者，是所望于中州義士爲皇明自靖者。

題《金氏四孝錄》後【辛亥】

右《金氏四孝錄》，輯懶翁金公光範、愚叟金公尚範、牢睡堂金公聲範、竹翁金公鼎瑞行治，而附以石潭金公有信事實者也。

夫孝者百行之源而萬善之本，然子之身所能爲者，皆所當爲，無過分之事也。故事親若曾子，可謂至矣，而孟子止曰"可"也，豈以曾子之孝，爲有餘哉？

可者僅可之辭，孝到十分，只盡己分內事，纔少一分，便是不盡分也。細究程子之訓，可驗孟子之旨也，然聖哲評人，先言孝悌，爲其原始要終，莫踰於孝道也。

金氏兄弟祖孫，幷以孝名，一猶爲難，况其四者乎？孝猶難致，况該以忠乎？臨亂倡義，矢心自靖，皆孝之推也，所以答君親之恩，明父子之分，忠不可廢于國，孝不可絶于家者也。至若生祥下瑞，而致雉、鱉、瓜、橘于一室者，亦可異焉。

天地間感應，未有神於孝者，郭巨致錫金之慶，陽雍標蒔玉之祉，烏馴丹羽，巢叔和之室，鹿呈白毳，擾功文之廬，孟宗之笋，王祥之魚，曹曾之湧泉，與造化酬酢，如呼吸桴皷然，此何以哉？

夫天人之始也，父母人之本也，反其本則反其始，天地協應，鬼神効靈，是爲實理也，人或致然疑於其間，故愚叟公後孫尙喆氏有云：“人孰不以其先祖爲善哉？然苟或不善而强認以爲善，則之人也便是別人，而非其先祖也，不幾於自欺而誣先哉？吾所以想像而記認者，果吾先祖，而庶免別人之誚，吾心得無恔乎？”

其所質言乃爾，人孰間然哉？且况諸公序述，發潛闡幽，更無餘辭乎！

牢睡公七代孫現，從余遊，謁卷跋之文，余癃病濱死，凡以文爲屬，必固閉力拒，而其懇苦切。因語現曰：“孝者，天之經、地之彝。無古今、無長幼、無貴賤，有不可得以變易者，爲後承者，世篤斯義，兢兢乎勿墜，無愧爲賢祖之後，而與國同休。”

《詩》云“凡周之士，不顯亦世”，世濟其美之謂也，“教誨爾子，式穀似之”，垂裕後昆之謂也。金氏乎，其欽念哉!

梅山集

卷三十

題跋　贊　書啓

銘　箋　告祝

箴　祝辭

題跋

書《皇明遺民傳》後【己亥】

右《皇明遺民傳》七卷，卽研經齋居士成公海應龍汝所著也。居士纘屢葉文獻，專精詞章，晩更斂華就實，晦身巖巖，慥慥乎劬經研禮，所撰述甚富。間又裒輯甲申鼎革以後遺文故事爲書，《遺民傳》是已。居士幽顯闡微之苦心，於是焉可見矣。

嗚呼！皇朝立國之正、待士之隆，載籍所未有者。故士大夫擧饒潔烈，尙氣節重名義。逮夫崇禎帝后同殉社稷，風聲動天，意氣激厲，上自公卿侍御，下至百工技藝婦人女子，亦皆趨義如流，視死如歸。或攀龍髯而蓐螻蟻，或燔妻子而埋土室，或毁冠裂冕，遯世長往，湛九族而不怨，閱百死而不悔，惟成就一箇是已矣。若是者，方可謂盡靖獻之義者也。蓋正厥始者，亦正厥終；善其生者，亦善其死。君臣上下同底于道，風草之化，捷于影響，士之報禮，至於斯極，苟無培養作成之化，亦何以與此哉？

或謂東林淸議砥礪激揚之所爲致，是固然矣。而不有程、朱夫子倡明正學，章君臣父子之義者，東林群賢，亦何所遵述，致使熱血洗滌乾坤乃爾乎哉？故曰“皇明節義之冠絶窮宙，卽程、朱建立人極之功也”。

陳鼎囊筆走四海，廉訪死難死事忠臣義士，得四千六百餘人，爲《忠烈傳》六十餘卷，而其書中佚。又有淸人所輯《勝國忠義錄》，下從於煤山之變者二十七人，永曆前後卿士死節者三千五百三十七人，士民立慬者一千七百二十八人，此其大略也。若夫不降志不辱身，畢生自靖於窮山絶海者，又不知爲幾許人，常恐世異時移，名湮滅而不稱。今居士網羅放失，論考行事，述此書惠來者，其所以樹風敎裨世程者，當與天壤俱弊，詎但爲傳中人之幸哉？卽其用志誠篤，亦遺民之流亞也。

始居士之修斯書也，因金元博基普謀及愚者，亦與聞一二緖論，而元博已不可見矣。居士示及是編，仍問成書得失，書未及復，而居士又奄然長逝矣。愚與居士幷世而不一識，玆爲齎恨千古者。撫卷愴悒，略叙所感如此，用托九京之神交云爾。

題臺山金公所著《六靑軒詩跋》後【甲辰】

右《六靑軒詩跋》語，臺山金公德叟所著也。庚子三月之晦，德叟自蓉洲浮江而下，訪我于小東樓中。酒闌談劇，揚扢于天人性命之原、出處行藏之義、世道時運升降汙隆之際，輸瀉相盡，兩忘所趨，眞是有知己之言，而已信乎心者也。

余出示所藏三淵先生手書《六靑軒古詩》及所述跋辭，

德叟擎玩摩挲，涕幾漬紙，自令傍觀齎咨。余勸其添載於重梓之日，德叟諾而戢袖中，以半夏幽期，願爲浮家泛宅，用續茗、雪故事，臨別悒悒有不盡之懷。

德叟歸卽嬰病，未遂所圖，而仍成千古之訣矣。余哭其喪弔其孤，孤子寅根人會出此紙，泣言"先人爲此文，將以示子，臨歿又復丁寧"，蓋其屬意者深矣。余與德叟生同年居同城，聲氣之所感，應不啻朝暮遇。而德叟妙齡蜚英，翺翔于金馬玉堂之上，仍罹家禍，晦身巖巖，自致闊睽，而心期之所顒顒，未始以隱顯窮通而有間也。德叟晚年乍出，不肯與世俯仰，塞兌息影，玩心名理，其志節剛確，凜凜若大冬松柏，克紹六青之先懿者也。

余猥托以歲寒之期，而冥契旣逝，風味隕墮，忽忽如影失形，非直發言莫賞，中心蘊結而已。病枕閱巾衍讀此文，其所云"意篤事勤，今世有幾人"者，愧無以將之，而緇衣不弊，白華無缺，竊有望于人會焉。力疾而題其尾，用敍此死生同志之雅契。至若六青故實，已悉於原編，玆不復贅云爾。

題《鶴菴集》後【丙午】

右《鶴菴集》四編，贈吏曹參議崔公愼所著也。公會寧人，負性帶氣，而禔躬以禮。嘗服衰而耕于野，老峯閔文忠公以觀察使行部，見而異之，勉以學問，敦遣于華陽門下。先生期許綦重而每規其氣質果敢曰："子不免北方之强。"公對曰："先生亦不免南方之强。"先生夫人爲公製襪，不稱於足則裂之，少不愜意則輒躡屩而出。先生虛襟優容而禮誘諄篤，公至誠悅服，如七十子之于孔子。

孔子嘗抑子路曰"由也兼人，故退之"，退之者，抑之也。公辨誣、應旨諸疏，咸出於先生意慮之外，而所抑者亦多矣。然公桁楊瘴癘之中，有九死不悔之意，卽其滿腔熱血，只知有師，不知有其身，不爲利害禍福攸奪，是亦得於傳習者然耳。

師處恩義之間，故就養無方，同於君親，而非師敎，則何以知忠君孝親而盡報生以死之道哉？《蒙》之"果行育德"、《需》之"飮食宴樂"，如乾坤之資始資生，生生相族，靡有二揆。故曰"惟其所在則致死"也。

世敎衰，師生之倫先壞。逄蒙反射，其矢甚悍；邢恕寢皮，厥聲孔惡。公獨盡事一之義，常願鴞音不聞，是無媿升堂之賢也。且與先生共患難，備閱百罹，其異乎矛淅劍炊者幾希，而亦無所慍見，是則比仲由尤可難矣。公旣經黃巴之禍，如不欲生，時値禦魅投荒，罔克築場，爲沒身痛，就近先生幽宅而宅焉，是爲獨居三年之義歟！

夫天地之元氣，融結爲山川，山川之雄勁，最稱關北。人居其間，得之爲俊傑秀才，公非其人哉？公親承眞詮，故靡所著述，書牘往復甚富，而散逸不傳。惟《華陽語錄》獨全於蕩析之餘，而於先生言行，亦泰山之一毫芒耳。然其所以謹書而備記，宛然先生之在目者，其功亦鉅，豈以文辭之工不工而爲之重輕也哉？公後孫擎祖將印布是書，幷零藁附錄，名之曰《鶴菴集》，要不佞出一語，用述其事。不佞叙其所感慕者，俾題其卷端云爾。

題《寒岡續集》後【戊申】

古今書籍固多名眞而實僞者，亦有喚賓而作主者，惟在愼辨之如何。辨有三道，味其辭以觀其世之先後，正其名以求其事之是非，揆諸義以索其旨之深淺，則何眞僞名實之可眩哉？嘗閱《寒岡續集》，有所云旅軒九條問目，而七條名理咸出於沙溪先生《經書辨疑》及《答或人書》中，屢回參繹，疑惑滋甚，故有所論辨矣。

寒岡後孫冑錫、允錫、浩永三人者，抱傳家文獻而至，出而示之曰："先祖文穆公文集草藁藏在檜淵書院，而近又搜得古本於武屹山莊藏書之所，卽先祖在世時，子弟之隨得隨錄者，而參以手筆。九條答問亦在其中，與院本若合符契，非所致疑於其然豈然者也。"余取檢原本，則其紙斷爛而墨渝字刓，往往不可辨。若是者，豈可曰後人杜撰乎？其不從手分現化也審矣。

意者旅軒擧沙溪名論，就質於寒岡，而特不著誰某以致然耳。以首條所問、或問、答曰之云，而可知其援引，餘皆蒙上文，非欲出於混賓主之別也。易眩者，形跡，難欺者，心目，豈爲此理外之擧哉？向者之疑其爲贋者，在草本未見之前，今日之斷其爲實者，在草本既見之後，余何所適莫於其間哉？惟分其眞妄已矣。

昔《內經》稱黃帝、《本草》稱炎帝、《汲冢》稱周書者，是猶瞽者懸破鏡於空中而欲自比於日月，其誰信之哉？若玆編者，卽隨聞見所及而就正者，詎容後承之矯飾哉？摩挲其古紙破卷，聲徽不沫，爲之興感，滿腔疑障，於是焉洞豁。更題一語於草本之尾，不嫌前後立論之差殊云爾。

《吳氏家乘續編》跋

右《家乘續編》，卽裒輯寧齋先生吳公及孺人光山金氏言行者也。始寧齋公取祖先碑誌狀譜輓誄及其他文字之可以考德者，彙分爲家乘，仲氏文元公又收拾家庭記聞與散出於諸家文集暨野乘者而名之曰《家乘逸事》，吳氏文獻於是焉秩然可徵。寧齋公嗣子瑞五又續成斯編，非直爲一家之惇史者也。屬不佞出一語題其下方。

竊嘗謂首陽氏，自貞武公來，以節義孝友、德業文章，相承爲世名胄，至寧齋公伯仲，濟之以經術。寧齋公學貫天人之際，行滿家庭之間，庶幾至德凝道，炳然爲斯文之耿光。渼湖金文敬公見公妙齡而評并世之士，必擧公爲首，止菴金文簡公深加敬重而贊以明睿。近齋詡之以三古之士，霽軒稱之以當代第一人物。而公未中身告終，罔卒其倡明表準之志業，上而致聖主之所悼惜，下而爲士林之所痛慕。存歿之有關於氣數者乃爾，嗚呼！可忍言哉？

公天姿英爽，才性朗慧，不偏於渾厚，而中洲所著誌文及遺事，比公規模氣象于尹和靖，又謂爲學門路，亦近於和靖。雖就其敬愼安泰，循蹈規矩而云爾，然和靖偏於持守而欠却窮格，故誦《金剛》迎觀音而不知其非，若是者詎但爲小德之出入哉？寧齋公乃所願學聖人，如和靖者非直姑舍已矣。中洲之擬倫於和靖者，恐非知德之言，是不可以無辨也。

公卒未幾，金孺人下從，從容就義，得性命之正，公刑家之化，於此而可驗。醇儒烈婦匹美配休，亦今古之所罕有也。公內行純備，夫婦相敬如賓。禮，“婦人喪父母，旣練而歸”，歸則御於夫焉。金孺人過父練除服當御，而曰“出嫁者縱不克三年守廬，練而忍從御乎”，公俾遂其志。昔孟獻子禫，比御而不入，孔子以爲加於人一等。婦人伏於人，而乃能盡禮如此，此出於雞鳴昧朝警戒相成之意，於乎懿哉！

以公內外之賢，而卒於無嗣，再絶而再繼，何神理之舛至於斯極乎？文元公受業於公而道成德尊，爲一世宗師，嗣胤式克踐述，以永終譽，天道報施，其在斯歟！噫！公奕業登崇，積善累仁，猶水之有本者，爲江爲河，瀦爲澤，別爲沱汜，挹之不可窮，而以德爲本者，何獨不然哉？

不佞於公，托累世之契，而沖藐未及覿德，稍長聞公之風，讀公之書，慨然想見其爲人。及從文元公遊，慣聆公名理，傳習公行治，其異乎授几函丈者幾希也。擎繹斯編，方仰止景行之不暇，曷敢妄贅一辭，闡公高深之造詣哉？且耄荒不任筆硯，罔及聞命，而瑞五奄作秋柏之實矣。常恐風燭奄及，永負孝子之至意，力疾而書之如右，亦以托名姓于卷端，爲深幸云爾。

書閔遠卿所藏同春先生手筆後【己酉】

同春宋先生餘力游藝，筆參鍾、王，法契歐、虞，端嚴尊重，雄逸遒勁，是可驗心正氣和，妙用無窮，所謂“無意而皆意，不法而皆法”者也。先生寫“人欲淨盡，天理流行，清明在躬，志氣如神，雲行雨施，含弘光大，剛健篤實，輝光日新”三十二字，與外孫兄弟，卽趾齋、丹巖兩閔公也。學問之義諦、聖神之功化盡該於此，畀以傳付之重者乃爾也。朱夫子之贈獅畫、王介甫之稱鳳雛，其意固拳篤，而未有若斯之眞切者也。先生盛德大業固已原本於斯訓，而兩賢之名義風節、經綸事功炳然爲邦國之耿光者，卽所以繼述志事，克副嘉惠之至意，於戲懿哉！

是帖也爲閔氏傳世之寶，趾齋後孫泳穆遠卿示不佞要題一語，百回擎玩，彌不勝高山景行之慕。仍語遠卿曰：“天人性命之淵奧，至閎至博；身心德業之進修，至粹至精，有研之而愈深，擴之而愈大。而先生所書，體用兼備，義理條貫，爲千聖傳心之眞訣，信能服膺終身，則妙道精義配天無疆，可但有取於德性相關哉？是所云‘不徒求心畫，而必求其心法’者也，遠卿乎欽念哉！”

書近齋先生《草說》後【己酉】

南靈草，仙源斥之，谿谷辨之。然吾欲從仙源，遂爲草說，以明其不可食。○異哉，南靈草之爲物也！非稻粱非膾炙，易牙之所不言，而衆口同嗜焉何哉？是邪味也。禮曰"不食邪味"，其斯之謂乎！○貧者得錢，必先買草曰："寧缺飯，無廢草。"○人皆曰"止酒爲易，止草爲難"，甚矣，草之迷人也！○廉者辭受有節，而至於草，雖多必受，是惑也。○草性本熱，加之以火，使人燥鬱暴急善怒。○雖云治痰，而熱反助痰；雖曰下滯，而毒實耗氣。治痰、下滯，豈無他藥，必用此爲？○道中含竹，氣象不好；廁上吸火，飮食非所。○匣也、樻也、火鐵也、灰板也雜然在前，何其不簡略也？液染衣服，濯之難祛；火落書冊，撲之不及，其害類如此。○齋戒不茹葷禮也，而臨祭猶吸，是草其果不可止三日乎？○手執祭饌，口橫煙竹，人家女婢之愚頑者，往往爲之，聞可寒心。○人於宴會，杯盤進訖，必索煙茶，竹少人多，爭其先後，非禮讓之道也。○尊長之前，不可含竹。少者之厭見長者，多由於此，非道理也。○草有大不可食者。凡食道多不過一日四五食，至於草，一日數十次食，豈有口之慾一日數十次動者乎？

右《草說》卽先師近齋先生所著也。先生少時吸煙茶，往覲親衙，東閣妓有竊食先生煙竹者，先生折去，遂不復食。愚嘗問其事，先生笑曰："偶因失竹而絶吸也。"後作草說，申言其不可食者乃爾。

所謂南靈草，不見於《爾雅》，不載於《本草》。皇朝季世，始出於南夷，故曰"南草"，南靈之名，後人之所稱，曷足爲靈哉？今焉遍滿天下，而在吾東，則膏壤沃土盡歸草田，金銀銅鐵盡化煙筒，堅勁箭竹盡爲煙竹。切草細如絲髮，薰以香屑，蒸以蜂液，用助邪味，靡所不至。至若煙具，殆不容殫記，而鬪巧尙奇，日新月盛，眩奪人心目，非直爲玩物喪志已矣。

左海一區壤地褊少，民生困窮，雖汲汲於利用厚生，猶患不能自給，而擧世業嗜南草，甚於菽粟，作無益害有益，詎有大於此哉？酒之流固生禍，而靡此則無以格神，所以辨五齊而洽百禮。且値饑歲，可以救荒，故曰："酒者，天乳也。王者法酒旗以布政，施天乳以哺人。"非可以斷絶者，而過則裁禁，是亦隨時制宜者也。

所謂南草，在人有百弊而無一益，寒不得衣，飢不得食，無可以交神，又靡所合歡，洵妖草也。卽草田而種五穀，則穀不可勝食，去煙具，則金銀銅鐵竹箭之屬，亦不可勝用，《易》所云"聚人理財，禁民爲非"，豈不在玆乎？此草之入我國，幾三百年，而男女老少無不橫竹，尊卑貴賤幾沒禮讓，其害流於生民，禍及於後世者，彌往彌酷。苟欲裕民足食，莫先於禁草，而寥寥乎無聞。妖孽之生，人物無異，咸有關於氣數而然歟？

先生文稿將行，勸其不刪此說，喚醒末路，而竟不見載，俾吾先生牖俗之苦衷湮沒而無傳，惜哉！昔陶菴李先生設草禁於及門之士，士皆警惕，戢煙具於十里之外，是爲可述。從遊諸君願見草說，故謹書其下方如此，用資其踐述云爾。

《小華外史》跋【己酉】

嗚呼！犬戎之亂中華，唐、虞未嘗有也。特不過苗頑之不卽、荊·舒之可懲，有或介處於東南邊裔，固不敢憑凌跳踉，如後世五胡、遼、金、元之爲。然聖人深憂遠慮於未形之前，乃於命官分職之際，慨然以蠻夷之猾夏，列之於黎民之阻飢、讒說之殄行。蓋尊夏攘夷之嚴，乃天地之大防，不可苟焉而已者也。而孔子之《春秋》、朱子之《綱目》，皆祖述斯義，惓惓而三致意焉。

或曰："吾邦之義不忘皇明，蓋由於感激東援之恩。"嗚呼！假使無當日東援之恩，則吾東君子可弁髦正誼而不之講乎？譬如父子之間，眷愛慈恤，寔出於天彝之篤摯，偶或有撫摩之所不及、顧復之所未遑，則爲其子者尙可計較乎？施爲之多少，以爲報答之輕重乎，則其於天性天倫當然之理，何如哉？

朱夫子於南渡以後，力言討復之義者，雖非有陵墓之讎、徽·欽之辱，而斷斷苦心，尙必以冠屨之倒置爲霄壤之大變，而思所以撥亂反正，用繼夫《春秋》攘夷之統矣。賢澤寖湮，世教日衰，士大夫昧於華夷之分，奪於利害之私，浸淫腥鱢，習熟見聞，以爲應然。其克存人紀之大閑而識"忍痛含冤迫不得已"之意者寥寥，其將日遠月忘，淪胥爲夷狄禽獸而莫之捄也。

首陽逸民吳公慶元氏裒輯洪武壬申以來字小事大底文獻，編年繫月，鉅細不遺，仍及啓、禎後朝野史乘之有關於尊攘大經者，公胤子採薇山人顯相氏重定其原編，附之以《王人姓名錄》、《皇朝遺民錄》、《殉節死難錄》，統名之曰《小華野乘》。丙、丁以還，斥和大義之建天地懸日星者，罔不經緯乎其中，洵爲千百劫不泐之書。

或者以爲"公先祖忠烈公危忠大節，有辭乎天下萬世，而此書之作，蓋專爲闡揚斯義而設"，是亦淺之知公，而靡足爲此書定案。然斯義也，忠烈公既見得是而允蹈之矣，不有其光先而啓後者，則亦何以與此哉？善乎，吳文元公之論！以《大易》剝極而受復者爲天地之常經，異日函夏廓淸，此書始出，而可與天下共之。然則此書非吳氏一家之書，乃洞窮宙不可闕之籍也。不佞旣重公之托，敬盥而題其後如此。

《思庵集》跋【庚戌】

右思庵朴文忠先生遺集，原、續六編。嗚呼！以先生德業事功爲百世所宗仰，而文獻盡逸於家禍。徐公必遠始以府尹剞劂於全州者，不能十一於百千，而又板毁無傳，爲士林所慨恨。訥齋後孫頤休旣重刊《訥齋集》，又蒐輯先生遺文故事，幷原集將入梓，乃屬直弼述其事。

嗚呼！士有三不朽，而德功言之幷立爲難。以故尙論者必道德名節、文章事功，兼有而不偏，方可謂備矣。若先生妙齡求道，傳習于六峯、訥齋，就正于退溪、花潭，又從栗谷、牛溪講論名理。雖尊賢取友，陶成敦德，而苟非先生天資純粹，可以大受，亦何能斯焉取斯，如魯之君子哉？稱人之善，而必本其父兄師友，厚之至也。

夫以石室序其稿，華陽銘其墓，發揮引重，無復餘蘊，詎敢贅一辭之贊乎？蓋先生至行天植，居喪盡禮，如高柴、顔丁；迸黜權兇，廓淸朝著，如徐華亭；引進善類，共奬王室，如司馬涑水；志在君民，責難陳善，如陸敬輿；謝世長往，沒身巖巖，如范景仁。文章在先生爲糟粕，而亦原本經術，非務采色夸聲音者比也。寂寥篇什出於斷爛之餘，若未堪爲不朽之圖。然德功俱立，言在其中，詎可云三者之不備哉？噫！成德達材，終古以爲難。雖名卿碩輔代不乏人，或瑕瑜不掩，短長相補，槪由於學問功小、氣質用大。而若考先生言行事業，粹然出於天理之正，而一節終始有本有末，歷選本朝廊廟，惟先生爲然。

嗚呼！吾東蔑貞之禍，至己卯、乙巳而極矣。逮明、宣盛際，爲髦譽者誦法洙、泗、洛、建，人倫明於上，庶民親於下，人到于今賴之者，卽先生與栗、牛諸賢倡率表準之功。而先生爲士類領袖，故厥施溥博，如山岳出雲而霖雨被四海，人謂霖雨之澤，而不知出於山岳之助，烏乎可哉？

斯集也雖幸得傳於世，而猶未足以盡先生之所存。然後有知德者，篤論名義風節之所由本，而扶植世教於無窮，則先生之功詎有旣哉？頤休於斯集，旣效其血誠如此，不佞又以托名爲榮，敬題下方而歸之。

銘

續寫照銘【己卯】

朱先生四十四歲，自銘寫照而曰："容髮凋瘁，遽已如此。然亦將修身，以畢此生而已，無他念也。"此與庚申寫眞之什相爲終始，每三復咏嘆，繼之以激昂奮勵。己卯歲，余齒亦爲四十四，而困于疢疾，衰朽癃痼，非直凋瘁已也。蒲柳雖已先秋，桑楡宜收晚景，但願畢生修身，用附"履薄臨深，餘日殘編"之義。仍步銘韻，以自識戒云。

晚求道，要積躬。
德之至，自動容。
惟形外，由誠中。
愼厥初，克有終。
苟聞可，樂無窮。

箴

忍箴贈外孫閔泳和【丙午】

忍其所當忍，而毋忍其所不當忍，不當忍者爲善，當忍者爲惡。擴充仁義之端，若火燃泉達；懲窒忿慾之萌，如摧山塡壑。夙夜無忝爾所生，置身於光明正大之域。

贊

尤庵先生畫像贊【戊寅】

稟剛大直方之資，致恢廓擴充之力。婆娑丘壑之中，確神龍之存身；翺翔雲霄之上，會儀鳳之覽德。爛用紫陽之名論，明天理而正人心；光闡素王之大義，尊中國而攘夷狄。行庸德而有餘，允矣克矜其細；守經事而不失，卓乎先立其大。嚴善利之判，則截鐵斬釘；炳事物之幾，則靈蓍神蔡。巖巖乎萬仞之壁，汪汪若千頃之海。自羅、麗以來未有盛於先生，吾知其爲大東元氣之所會也。

老洲吳先生畫像贊【甲申】

以明通公溥之資，有敦厚溫柔之德。身若不勝，口若不出，而確乎自任者重；行而爲法，言而爲則，而泯焉莫覩其躅。若使得志而行道，萬物各得其所；固自汎愛而親仁，一胞靡復間膜。極明睿之照，洞見性命大原；闡名理之妙，沛若精義入神。惟平生身世之兩忘，繄昕夕憤樂之相循。玩心高明，悠然處善而順理；爲政孝友，允矣篤恩而正倫。由乎中而應乎外，仁義忠信之不離；和不流而貞不絶，性情德行之自純。視其色，有融昭朗；窺其際，不見畦畛。縹縹乎威鳳之翔千仞，矯矯乎神龍之襲九淵。雖荷衣蕙帶之容，載模圖繪；奈氷壺秋月之眞，莫形丹鉛？我願先生德彌崇業彌廣，富有而日新，默成而存行，蓍蔡其靈而龜鶴其年，常如泰山·喬嶽之載地、景星·卿雲之麗天，爲四方之所瞻，快一覩之爭先，則不但七分之可傳而已。

三老董公贊

漢高帝下河內至洛陽新城，三老董公遮說以義帝死故，勸素服以告諸侯。漢王曰："善！非夫子無所聞。"於是漢王爲義帝發喪，袒而大哭，發使者告諸侯，使皆縞素，共擊楚之弑義帝者。項籍弑逆之罪，靡所容於覆燾，而高帝之討項籍，名義極正，逆順之分判而興亡之勢決。四百年創業垂統，卽董公一言之力也。如董公者，其聞君子之道而通《麟經》之義者歟！

朱先生嘗云："子房不如孔明之正大，孔明不如子房之從容。"董公可謂兼之矣。苟使高帝虛心乞言，盡其謨猷，則其所以贊畫帷幄者，詎出良、平下哉？必應由仁義行，如湯、武弔伐，應天順人，豈容得之馬上，智力持世已矣哉？馬、班兩史，俱欠立傳，程、朱序列，亦不槪見何哉？按《楚漢春秋》，董公秦世隱君子，漢封成侯，享年八十二歲云。贊曰：

我思先民，伊漢董翁。
遮道獻言，發憤以公。
順德者昌，逆德者亡。
兵出無名，事故不成。
明其爲賊，賊乃可服。
放弑義帝，有臣項籍。
大逆無道，卽天下賊。
仁不以勇，義不以力。
倡三軍衆，爲之素服。
播告諸侯，聲討巨慝。
薄海內外，罔不仰德。
三王之擧，惟先正名。
名正言順，神人咸寧。
聞善若決，允矣漢皇！
賴玆一着，赤劉煌煌。
斯焉取斯？魯有君子。
焚坑虐焰，亦能全已。
遵養時晦，待王者起。
辭嚴義純，可建天地。
緊公所學，卽守經事。
命德討罪，闡《春秋》義。
苟不聞道，亦曷能爾？
何以稱之，三古逸士。

石監生贊【丁酉】

國子學生石大用，豐潤人。自邑庠陞太學，處六館諸生間，恂恂謹飭，植志務學，不少自衒。故自祭酒、司業以下，皆不知其爲人。及正統甲子，祭酒李忠文公時勉忤權奸，囷首木於太學，三日不解，炎暑蒸鬱，公耄弱不能勝，濱死須臾。大用乃蹙然號於衆曰："師猶父也。父師罹難，弟子豈忍坐視？"衆無有應者。大用退而閉戶草疏，奏懇請自代。忠文亟遣人止之，弗聽。同輩亦有沮之者，大用奮然作色曰："朋友急難，詩歌鶺鴒，況師乎？"亦不聽。挾所奏詣銀臺投進，銀臺難之，且懼之以法，大用曰："生以義，死亦以義，何懼之有？"銀臺知其不可抑，遂聞于帝，帝幷釋之。師生之倫班乎君臣父子，而能知致死之義者寥寥。必如石監生之爲，爲師生者定矣。贊曰：

師爲模範，道從此出。
三綱五常、九法四術，
非教不知，何以踐述？
所以生三，事之如一。
所在致死，報賜以力。
苟或異視，豈生之族？
經殘敎乖，師道絶塞。
逄蒙反射，其矢極逆；
邢恕寢皮，厥聲孔惡。

輕重父師，大悖常則。
邪說滔天，天壤幾易。
憲憲石公，始立人極。
曰師猶父，盍爲立慬？
烈焰崑岡，玉石同焚。
必代師命，然後爲人。
衆方掉臂，我欲殉身，
生死以義，何懼之云。
朋友急難，猶當解紛。
矧玆師弟，誼均天親。
千萬吾往，抱疏叫閽。
至誠感神，況帝王尊？
滂滂霈澤，仰荷皇恩。
彼怵迫徒，爲利害昏。
詎知隆師，以道之存？
吁嗟乎公！式克盡倫。
起公九京，不辭御輪。
我庸作贊，用警生民。

岳孝娥贊【庚子】

孝娥卽岳武穆飛之女也。武穆被禍收孥，娥投井而死。公之忠有所授，而娥之孝有所受，孰謂可受而不可傳乎？蜀人劉瑞著《孝娥井銘》，克闡殉父之烈，余爲之作贊。凡聖哲稱人之善，而必本其父兄，厚之至也。謹述斯義，先擧武穆之忠焉。贊曰：

憲憲武穆，有宋宗臣。
忠貫日星，義薄穹旻。
報國涅背，愛君忘身。
曷以致之？本乎孝純。
先立其大，必欲盡倫。
廉辭甲第，淸却名媛。
何以家爲？非我思存。
雅謌投壺，風度恂恂。
肅肅《麟經》，是所持循。
無思不服，至誠動神。
一擧義旗，六術御軍。
撼山軍聲，氣奪崑崙。
會飮黃龍，天驕遞魂。
兩宮環珮，不日回轅。
箠撻四夷，肅淸八垠。
原始要終，萬古一人。
東窓凶孽，醜虜奧援。
爲賊報仇，有若樹恩。
一日十牌，壞了大勳。
不殺不饜，用媚讎髡。
非直媚髡，逢惡厥君。

天柱旣折，地維亦焚。
烏臺勘案，幷及阿雲。
號咷萬靈，嘘唏千春。
有一女英，厥德乃眞。
卓卓其操，翼翼其仁。
是曰孝娥，懷痛父冤。
父冤莫泄，抱瓶赴泉。
泉化爲血，血灑九天。
天高無聽，自殉立慬。
緹縈乞命，奈阻叫閽？
曹娥奇節，世曠事均。
豈若彼其，固位忘親？
父忠子孝，二理俱臻。
井水可竭，英名不湮。

菊花贊【丁未陽月】

煌煌靈菊，冠冕群英。
登諸《戴記》，著于《楚經》。
稟專純陽，乃名日精。
圓蕚高懸，爰準天極。
純黃不雜，通后土色。
早植晚登，體君子德。

傲霜吐穎，用象勁直。
流中輕體，爲神仙食。
卽玆五美，昔人攸評。
如松柏茂，柯葉變青。
如蘭蕙芳，春容敷榮。
孰若治蘠，抱一應貞？
無絶終古，永保幽馨。
獨懷冷香，抵死不零。
歷選百卉，疇與比幷？
卓爲霜傑，苦節難名。
凡厥花事，至此而窮。
浥露草史，有五柳翁。
烏山採華，以祭二松。
人花相感，曠世流通。
我欲作贊，難容一辭。
直欲再拜，用托心期。【二松謂夷、齊。】

梅花贊【丁未臘月】

后皇貞樹，曰有英梅。
和羹摽實，《詩》、《書》攸該。
雲山乾腊，載諸《禹經》。
煮成豆實，亦著《夏正》。

獨漏《楚·騷》，有憾屈靈。
上林同心，名揚西京。
肇自羅浮，寔繁庾嶺。
瓊藻瑤枝，暗香疏影。
雲肌玉骨，雪魄氷魂。
半開半含，如默如言。
澹泊明志，瀅澈通神。
天葩淨香，詎比蘭薰？
歷選衆芳，類聚群分。
緝以芙蓉，贈以芍藥。
小山叢桂，芳洲杜若。
出榮産奇，見詩人托。
曷若玆卉，歲寒特姸，
九野閉寒，獨擅化權？
萬物未生，自全其天。
相彼百花，疇敢競先？
鶯歌燕語，時不相挻。
蜂戲蝶舞，靡所留連。
甘遯巉巖，恥傍市廛。
風韻攸動，標格斯專。
貴不移性，君子之賢。
誰誣花神，喚做美人？
我獨處廓，與子爲隣。
明德維馨，允矣嘉賓。

稜稜孤癯，目擊道存。
不恨平生，未遇眞仙。
孤山視妻，恐欠敬虔。
孰謂尤物？太失題評。
感遇成興，有宋廣平。
考亭述賦，許以潔誠。
我欲錫名，玉貌先生。
維其高妙，表裏均清。
不易其素，素位而行。
乃願從子，永葆幽貞。

忠狗贊【戊申】

仁顯聖母己巳巽位出宮。時路中有一狗，隨屋轎而來，仍入廢宮，晝夜不離，窓外有人迹，輒吠之，聖母養之。至甲戌復位還入闕，狗又隨出，中路不知去處，亦可異焉。【見《丹巖漫錄》。】贊曰：

維艮爲狗，稟生斗精。
猈良豣逐，狸德豹聲。
能解人意，可使效靈。
咋鼠銜兎，曳馬化龍。
投井降雨，磔道止風。
不愛厥身，爲主殉忠。

値歲黃巳，翟茀出宮。
忽有黃耳，扈輅途中。
供命瑤華，與臣僕同。
指顧不迷，周旋自臧。
晝馴庭廡，宵捍門墻。
其警如神，辟除不祥。
狐蠱鬼蜮，莫售凶腸。【時凶賊希載挾其妹，謀害廢宮。】
韓獹備獵，未足稱嘉。
西獒旅庭，詎敢比方？
至哉坤元，德合无疆。
禽獸咸若，柔順利貞。
用盡物性，俾殫厥誠。
六載一心，克著勳庸。
黃裳再臨，還御九重。
猇也告慶，踴躍以從。
中路逃隱，不知所終。
能事已畢，斂却若虛。
時見時潛，如龍卷舒。
彼鼺母者，罔象、夔魖。
使此狗在，不食其餘。
苟其在人，宜旌門閭。
無從表忠，振筆特書。

箋

王大妃殿誕辰賀惠慶宮箋【癸酉○家大人莅慶州時代作】

無疆恤無疆休，祝尊闈燕喜之慶；必得位必得壽，賀慈殿周甲之辰。德厚流光，天錫純嘏。恭惟惠嬪邸下功顯毓慶，志存裕昆。聖繼神承，猗歟千萬年大曆；吉祥善事，允矣八十歲遐齡。 肆當達孝之彌光，益驗止慈之攸致。 伏念履簡積違天陛，忝守月城。寶婺之祥輝仰瞻，怳若尺天之不遠；琅函之賀儀祗奉，敢云寸忱之粗伸?

祝辭

吳敬善冠禮祝辭【壬寅】

老洲吳文元公嗣孫，名敬善字德輿，先生所嘗命也。或有以敬字之同先生表德爲病者，先生曰：“古者諱名不諱字，故《中庸》書‘仲尼’，《儀禮》稱‘皇祖某甫’，亦何嫌之有哉?” 蓋冠而字，尊其名也。名成于禮，字依于名。名，字之本；字，名之末也。爲本故尊，爲末故卑。名者，己之所以尊[1]，尊者之所以命己；字則己之所接卑，卑者所以稱己。未有用之于尊而爲卑，用之于卑而爲尊者也。先生所命之意，其在斯乎！

夫敬者，爲善之義諦而貫知行成終始者也。敬非善靡所基本，善非敬靡所準則，該此二者，始可以成德也。先生道明德立，爲斯文宗師者，以用敬爲本也，因之爲貽燕之謨者，其盛矣乎！先生易簀後三年，嗣孫始冠而不敢改其名，乃所以順志也。竊觀從古人情之可願而爲諸福之首者，無如子孫賢孝，而苟欲其永錫爾類，亦無如纘述心法。此先生之所肇錫，而德輿之所顧

1 尊：《太平御覽·人事部三》에는 “事尊”.

諟也。

凡名門右族能長其世而食其報者，皆不失詩禮眞傳，其替也反是，每端居靜閱，未曾不興喟也。德輿上世，固以忠孝相禪，德厚流光，而至醇菴、寧齋兩世繼業，道術純粹，咸以敬爲度。逮我先生，弘闡先徽，德輿又得此嘉名，其將世其學者乎！苟然則敬是吳氏之單傳密付也。德輿之所承受者，詎但顧名思義哉？亦惟克紹心學，施于無窮而已。德輿乎，其欽念哉！

不佞承先生遺意，猥酌醮禮，德輿要祝釐之辭者久矣。床笫危喘，常恐頃刻就溘，莫副其至意，力疾泚筆，筆不從心，是曷足以賁嘉會而重嘉事哉？辭曰：

凡厥有生，均稟是性。
其性維何？萬善綱領。
克全天器，乃受明命。
運用性善，妙在持敬。
主宰一心，包括百行。
卽天下理，敬致中正。
堯欽舜寅，禹祇湯聖。
文、武篤恭，四方無競。
千聖傳心，惟此惺惺。
洛、建倡道，用作憲令。
修己直內，所以德盛。
載德爲輿，如錦尙褧。
首陽世胄，丕膺餘慶。

猗歟文元，仁賢天挺。
嘉錫嗣孫，雅言前定。
名善字德，敬爲肯綮。
主一勿貳，嚴肅齊整。
方寸收斂，止水明鏡。
事至理得，如形隨影。
卓爾有立，不與俱往。
體用不忒，原于主靜。
靜存動察，表裏修省。
上達天德，步趨匪迥。
匪亟匪徐，中自涵泳。
心爲嚴師，操捨有秉。
虛己受人，謙爲德柄。
坤輿厚載，積累攸併。
苟不明理，敬怠相勝。
誦詩讀書，是乃喚醒。
知至知終，自非兩境。
至德凝道，玆爲究竟。
任重詣極，堦級井井。
居家爲善，至樂淵永。
求仁有本，孝友爲政。
循名責實，夙夜戒警。
乃祖攸訓，永垂煥炳。
亟思踐述，堂構是肯。

昔玷賓筵，元服加頂。
追擧暇辭，用副申請。
我言非誣，勖哉興咏。

昏書

一純昏書【庚辰○代家大人作】

君子造端夫婦，粤稽六禮之文；男女願有室家，載合二姓之好。玆循鹿皮之令典，庸趁鴈嚾之佳期。伏承令愛，貞靜夙彰於未笄，儼然四德之備；孝敬自著於共服，允矣百行之源。僕之孫一純，以身而先，敎未聞於過庭詩禮；同心是勉，德莫違於下體葑菲。念女士婉兮之令姿，伊好誼孔云之願結。協雷風、澤山之象，元吉利貞；笙琴瑟、鍾鼓之和，與子偕老。酒食之需是議，漢孟光之擧案低聲；饁耨之禮無愆，晉冀缺之如賓相敬。佩結褵之懿訓，縱或聞九十其儀；遵戒醮之古規，非敢擬百兩以御。蕭然無辦，仰吳家賣犬之風；至則盡歡，學孔氏繫羊之禮。庶士其吉，奄及梅標之辰；之子于歸，容俟桃夭之日。乞遮朱考亭故事，亟遵黃勉齋定書。玆當迨氷之期，爰修納幣之禮。

宬秀昏書【己酉】

上以事下以繼，將合二姓之歡；男有室女有家，載擧百兩之迓。禮有四備，幣象五行。顧念衰替之家聲，竊仰甲乙之族望。千年之喬木挺立，風霜不摧；八世之文獻足徵，詩禮斯在。伏承令從姪女，早襲閨訓，已著四德之稱；僕之孫宬秀，幼蔑庭聞，未習六藝之敎。要修事契之彌篤，仍驗聲氣之相求。乾坤爲八卦之門，健配於順；夫婦爲五倫之首，剛先乎柔。載遵"附遠"之文，爰卜先近之日。庶士今迨，政値梅其實之辰；之子于歸，佇聞桃有蕡之詠。冀遮朱子之成法，用答黃氏之定書。惟此悃款，敷宣罔旣。

告祝

社稷祈雨文【乙亥○家大人尹慶州時代作】

恭惟坤元，厚載萬生。
廣大茂育，暢于生成。
維社稷神，以達其行。
克順陰陽，咸若雨暘。
胡然旱乾，歲聿爲常？
妖魃肆虐，三載荐荒。
天癘大行，地財耗亡。
何辜今人？咸歸淪喪。
其餘存者，未起于瘡。
謂天悔禍，庶無四殃。
沴氣未艾，四旬愆陽。
靡野不赤，何草不黃？
煎沙爛石，杲日如煬。
上下其平，黃塵載揚。
旣莫耕根，可望蒔秧？
三農無爲，釋鉏汪浪。
萬姓嗷嗷，其沸如湯。

亦旣太甚，仰念穹蒼。
一日二日，奄過夏至。
我司民社，憂心如燬。
豈直農夫，百畝不易？
雖則後時，尙可濟事。
載擧珪璧，用薦禋祀。
神之格思，寧莫我遂？
禦災捍旱，迺其職耳。
閉陽開陰，亦在造次。
河漢倒瀉，雲雷騰起。
不待朝隮，俾滂沱矣。
蘇我黍稷，穀我人士。
雨則其生，不雨則死。
我言不再，惟神降止。
報本反始，緊神自致。

新羅太祖崇德殿祈雨文【代家大人作】

天眷東土，有聖者作。
首出庶物，肇基王迹。
手握乾符，躬膺寶籙。
蓬蒿旣艾，險阻亦削。
相率歸命，十有二國。

不獨六部，戴爲民極。
盛祀百世，克配三恪。
到今遺民，尙懷舊德。
水旱必禱，輒資冥福。
頻年告災，妖魃爲虐。
遂成大侵，千里其赤。
道殣野殍，相望如積。
今夏亢陽，亦孔之酷。
天降之期，旣愆膏澤。
十日不雨，尙云無穀。
矧彌四旬，莫饒涓滴。
沴氣燔空，炎炎熇熇。
蘊隆蟲蟲，山川滌滌。
下田不犁，高土可篚？
耕根無因，分秧可克？
農夫垂拱，耰鋤自釋。
周餘之遺，朝不謀夕。
人功竭矣，天意何若？
仰視夢夢，則我不惻？
赤子何辜？ 罪在司牧。
珪璧旣擧，于社于稷。
素忱罔孚，玄化尙邈。
窮則反本，厥理不忒。
瞻彼曇巖，松柏挺特。

卽祀于傍，閟宮有侐。

屋社雖久，疆域猶昔。

寧使群黎，納諸溝壑？

時不可緩，民事其亟。

左右上帝，遄降靈液。

召呼風雲，指揮岳瀆。

赤松、河伯，奔走率職。

品物流形，厥施溥博。

欽若成功，烝民粒食。

前王之思，利利樂樂。

於戱可忘？永涵至渥。

堤川周峯孔夫子影堂奉安告文

道原於天，而畀聖人。

聖人天縱，莫盛生民。

四時流行，萬物化醇。

宗皇祖帝，集厥大成。

述古垂訓，億世章程。

彌綸天地，幽贊神明。

笙鏞五典，筐篚六經。

黃裳元吉，素履安貞。

道德高厚，敎化無窮。

參贊位育，巍蕩聖功。
凡有血氣，罔不尊崇。
君子攸居，何陋九夷？
明夷利貞，箕子以之。
九疇攸叙，八敎是施。
不待乘桴，神理感通。
長夜不朝，視天夢夢。
神州、赤縣，盡化爲戎。
昌平、曲阜，腥塵晦蒙。
一片乾淨，左海之疆。
東人誦法，江漢羹墻。
何論大小？是眞中華。
周禮在魯，大明宣和。
維玆聖像，出自闕里。
珠衡、玉斗，儼若臨止。
收藏下邑，垂二百祀。
剝復者數，消息者時。
奉天不違，萬世宗師。
緊我堤鄉，舊黌遺址。
花塘淸泠，周峯峛崺。
壹乃誠力，胥廟經始。
嶽降舊甲，四十一廻。
九月廿六，晬辰重來。
事若有待，默通心靈。

牲醴孔嘉，黍稷維馨。
莘莘髦士，虔薦心香。
庶蒙顧歆，降格洋洋。
啓佑後人，斯文永昌。

淮陽新安朱夫子影堂奉安告文【己亥】

子孔子後，又有孔子。
集厥大成，前後一揆。
光闡六籍，整頓萬理。
乾坤再闢，日月重明。
元氣之會，應運挺生。
萬世永賴，人極天經。
道莫與尊，功莫與京。
覆載照墜，疇不親宗？
眞誠鑽仰，無若我東。
群哲繼作，曠世聞風。
傳習心法，受罔極恩。
維淮之陽，有新安村。
竦武夷山，戴玉女盆。
隱屛、幔亭，九曲潺湲。
雲谷、紫陽，亦符厥名。
名固不偶，興感群情。

何幸鰈域，儼若闕鄕。
相距萬里，猶有耿光。
夙聞廬阜，有潭臥龍，
夫子循名，毖祀葛公。
柯則不遠，敢云師心？
建廟揭虔，遺像儼臨。
維玆眞影，出自燕南。
星斗燦燦，泰山巖巖。
粤瞻神州，腥臊陸沈。
玆土乾淨，蓬壺嶔崟。
雖則遐僻，聲敎東漸。
暢靈無外，赫赫降監。
爰差穀朝，芬苾維馨。
溪毛澗血，昭薦微誠。
髦士齊趨，如見羹墻。
山暉增耀，雨化彌滂。
君子顧歆，何陋殊方？
如水在地，神理洋洋。
願啓文明，惠我無疆。

春秋享祝文

命世亞聖，立極生民。
集粹會精，普施無垠。
聲敎東漸，左海尊親。

地循舊名，禮擧明禋。
玆値【春、秋】丁，恭薦牲蘋。

善山梅江祠栗谷李先生奉安告文

猗歟先生！我東夫子。
資隣生知，出類拔萃。
淸通灑落，昭朗純粹。
一變至道，統宗會元。
不由師傳，洞見大原。
聰睿獨造，知言明理。
理氣分合、心性源委，
極深研幾，如指掌示。
折衷群言，不惑百禩。
揚于王庭，瑞鳳祥麟。
格君訏謨、活國經綸，
本之天德，王道自純。
發揮運用，罔間屈伸。
君臣同德，際會風雲。
遑遑濟世，拯溺救焚。
調停同異，偕底大道。
滿腔公心，其大齊昊。
唐、虞志業，局于短造。

《聖學》、《蒙訣》，俱輯厥要。
二書不讓，古學《大》、《小》。
天開日明，玉潤金精。
往哲攸贊，無復改評。
德言功烈，永垂無垠。
左海一區，受罔極恩。
聞風悅服，無間遐邇。
矧玆一善，三仁居止。
地以人顯，曾辱巾几。
化近親炙，誠切享祀。
落此新宮，于彼江干。
孰居配侑？曰惟玉山。
高蹈峻節，莫與爲班。
風流儒雅，迭和箎壎。
遯世無悶，梅鶴與群。
因之名亭，永播淸芬。
卽祠于旁，去舊就新。
上下正位，若敍天倫。
用象平生，翕樂且湛。
孤山岧嶢，洛水澄澹。
曠世希聲，寶匣瑤琴。
孔懷餘韻，如聞賞音。
夙夜必偕，何異石潭？
所造雖殊，其歸則同。

千秋匹美，嘉惠無窮。
一體崇奉，棣華聯光。
爰差穀朝，縟儀斯張。
吾鄉雖陋，亦具心香。
尙冀昭格，啓佑無疆。

春秋享祝文

洛、建道學，伊、呂事功。
丕闡人文，爲群儒宗。
左海爲準，受恩罔極。
玆値【春、秋】丁，虔薦牢勺。
冀垂歆格，永詔南服。【右栗谷位。】
疏襟曠韻，雅操貞躅。
同堂陪侑，天顯人極。
玆値【春、秋】丁，敬陳牲爵。
神其顧歆，永世無斁。【右玉山位。】

蔚山蘭谷祠奉安尤菴宋先生告文【戊申】

天眷斯文，奎運啓東。
賢哲繼作，大道以弘。

元氣之會，鍾毓先生。
先生乃興，集厥大成。
稟全陽剛，眞正豪雄。
浩氣充養，可塞高穹。
大節卓犖，可抗華、嵩。
本之立德，措諸事功。
受用優優，紫陽名理。
秉執煌煌，素王大義。
用承三聖，距闢邪詖。
尊我周室，夷狄自攘。
懲討亂賊，永扶綱常。
痛惡鄕愿，以反正經。
建諸天地，炳若日星。
運値陽九，身殉道亨。
何有屈伸？ 死生哀榮。
功化罔極，克配鄒聖。
歷選左海，尠與比倂。
微吾夫子，被髮左衽。
彼媢嫉者，如蠹如魘。
尸祝之享，遍于下鄕。
矧玆嶠南，再辱佩纕。
聞風覿德，丕變遐荒。
曠世興慕，高山景行。
几几赤舃，曾臨鶴城。

敬摸遺像，爰自華陽。
怳若再覿，東山繡裳。
載諏吉辰，揭妥英靈。
肅然淸高，玉色金聲。
新宮有翬，恭薦醴牲。
如水在地，感通以誠。
衿紳齊趨，蘭鞠孔時。
玆邦雖陋，均此秉彝。
依仁遊藝，其永有歸。
陟降洋洋，龍駟雲旂。
想像髣髴，歆格在玆。
啓佑後人，毋我斁遺。
丕闡儒化，萬世永垂。

春秋享祝文

道嫡考亭，義秉《麟經》。
立我民極，永垂大名。
玆値仲【春、秋】，虔薦牲醽。
庶歆精禋，億世是寧。

抱川堯山影堂三淵金先生奉安告文【辛亥】

左海奎運、永嘉炳靈，
靈華亭毓，篤生豪英。
石室秉義，日月貞明。
文翁竭忠，砥柱不傾。
元氣攸會，乃挺先生。
胚胎先休，儀式典型。
賦性卓犖，聰睿天成。
氷壺秋月，徹底其淸。
大冬寒松，永葆幽貞。
靈襟太和，沒世其寧。
本立道生，孝弟爲仁。
日用常行，至誠通神。
哀哀銜恤，自靖終身。
洗心藏密，匪以求伸。
靑霞奇意，上薄穹旻。
軒冕泥塗，富貴浮雲。
由文入道，三洲是遵。
互宣宮商，迭唱篪壎。
相爲切偲，師友天倫。
疇與比擬，正叔、伯淳。
斯文丕托，師道乃尊。
篤信守死，乃所願言。

玩心高明，洞見大原。

江漢羹墻，紫陽夫子。

博通三才，包涵萬理。

理事圓融，表裏一致。

滔滔筆舌，妙道精義。

玲瓏穿穴，八窓洞視。

會象鳶魚，風光本地。

居安資深，得之簡易。

衛道嚴確，辨析情僞。

揚扢名理，《韶》、《頀》盈耳。

皷鑄譽髦，對證施藥。

高蹈巉巖，超然絶俗。

雲臥霞擧，澗飮木食。

壁立萬丈，淸風灑落。

百原篝燈，整襟硏易。

濂溪庭草，會心太極。

囂囂畎畝，詎忘憂樂？

蘊秀不泄，崇山、太岳。

景雲瑞星，幽光隱約。

原始要終，純粹誠一。

百代宗儒，三古眞逸。

世希知德，孰諦其實？

瞻玆堯山，先生幽宅

武夷嵒崒，漢川淸淥。

龍勢盤鬱，儼成形局。

肅肅象設，丸丸松柏。

神期著存，萃于玄魄。

祠版祧埋，二主分隔。

卽祀于傍，精氣相合。

至心愛慕，同我鄕邑。

經始旣久，衆力齊集。

爰差穀朝，妥靈影堂。

一幅丹青，出自廟藏。

載擧縟儀，衿珮蹌蹌。

怳臨函丈，絳帳斯張。

僾然謦欬，薰蒿悽傷。

如新覿德，風流弘長。

敬止桑梓，世襲耿光。

春蘭秋菊，永挹馨香。

聊以薦誠，荔丹蕉黃。

庶蒙眷顧，降格皇皇。

幽贊文敎，作新一方。

欽于世世，報祀無疆。

江西鳳谷祠貞居李公【晦斗】春秋享祝文

窮經致用，篤倫範俗。

功化在人，永世不泐。

綾州月谷祠義菴閔公【懷參】[2]春秋享祝文

秉義靖獻，沒世遐邈。
貞心峻節，爲世程準。
玆值【春、秋】丁，虔薦牲醴。
庶歆精禋，保佑永世。

羅州大巖祠春秋享祝文

文武爲憲，龍虎成章。
豐功茂烈，用紀太常。
值玆仲【春、秋】，虔薦牢觴。
冀垂歆格，啓佑無疆。右武節辛公【有定】。
紫庭儀鳳，青冥高鴻。
晩節自靖，匹美六忠。
值玆仲【春、秋】，恭蔵牲醲。
人神相依，垂裕無窮。右恭肅辛公【引孫】。
奕世忠貞，華國文章。

2　懷參：底本에는 없음. 사료 및 위의 글에 근거하여 보충.

淵氷自持，克肯構堂。

値玆仲【春、秋】，載薦心香。

願垂冥騭，儒化永昌。右文僖辛公【碩祖】。

合湖祠琴書齋朴公【光輔】春秋享祝文

孝友剛嚴，詩禮是程。

肥遯高蹈，永世流名。

告家廟文

維歲次丁未正月朔日辛巳，孝玄孫直弼敢昭告于顯高祖考贈通訓大夫司僕寺正府君、顯高祖妣贈淑人全州李氏、顯曾祖考贈崇政大夫議政府左贊成兼判義禁府事五衛都摠府都摠管·行通訓大夫三登縣令兼成川鎭管兵馬同僉節制都尉府君、顯曾祖妣贈貞敬夫人順天金氏、顯祖考贈嘉善大夫吏曹參判兼同知義禁府事五衛都摠府副摠管·行通訓大夫黃州牧使兼黃州鎭兵馬僉節制使府君、顯祖妣贈貞夫人平山申氏、顯祖妣贈貞夫人全州李氏、顯考嘉義大夫同知敦寧府事兼五衛都摠府副摠管府君、顯妣贈貞夫人陰城朴氏。不肖祇承祭祀二十餘年。獲奉先訓，姑免大戾，不幸近歲以來，荐罹重病，常阽危惡，大小祀享，罔克躬將。非直筋骸廢弛，不能爲禮而已。且過古禮老傳之年者爲二歲，而病日益谻，衰日益甚。雖欲强策將事，不成拜跪奠獻，至敬之地，有未敢須人。謹遵紫陽故事、東賢近例，自從今年，屬兒子一純以攝祀之禮。而至於告祝，當云以“攝祀孫”，所祭之位，各隨其屬而稱之，而亦有所窒礙，故將用“使子某”之文。不肖幸有餘氣，可以自力，亦當隨分展禮，用伸微忱。謹因元朝之薦，敢告厥由謹告。

梅山集

卷三十一

祭文

祭文

祭立菴朴公文【戊午】

維我外氏，世篤忠孝。
一閭四梐，聖朝旌表。
胚胎前光，公生是門。
孰謂芝泉，而無根源？
弱冠志學，正路發軔。
動靜交養，知行雙進。
就正于何？玉溪之濱。
沿江泝澗，湊于潭、閩。
理氣源頭，篤信師說。
奉持微言，矢死不屈。
授受維何？一言曰立。
勉公顧思，毋過不及。
乃狀盛德，資公鴻筆。
裒輯咳唾，猶恐或失。
奔走先後，克殫其誠。
遺編登梓，公未見成。
步趨之思，耿耿九京。

緊我納拜，紫閣峯陰。
頎容棣度，不覺起欽。
造道深淺，童子何知？
誠中形外，允矣庶幾。
公於四子，如誦己言。
約而不陋，博而不煩。
考德問業，願承厥緒。
癸春所受，止《庸》、《學》序。
精微蘊奧，罔及就正。
高駕徑還，我遘喪病。
賷志莫就，彼蒼胡然？
悠悠我思，遠不能宣。
齋記與銘，箴砭切至。
如獲拱璧，持守勿墜。
學力所推，老而不衰。
謂有異時，更覿德儀。
幽音忽至，漠爲邃古。
胡不憖遺？籲天無路。
瓦湖烟月，晻翳無光。
雲岡松桂，歲寒驚霜。
邃識高才，無地可尋。
引領天南，悲不自禁。
斂莫視含，葬未執紼。
日月不淹，象生將撤。

撫念疇曩，有淚懸泉。
義當匍匐，禮闕鷄綿。
謾吐肝肺，替誦筵几。
辭未達意，語不成理。
惟靈洋洋，降監哀臆。
幸垂冥祐，俾免擿埴。

祭近齋先生文【己未】

嗚呼哀哉！道出於天而原於人，蘊之爲德行，行之爲事業。蘊而未發，則可以獨善其身；行而推極，則可以兼濟天下。雖其窮通之有分，而其致則一也。嗚呼！天之生先生，旣命以大受之器矣，若將畀以大受之任，君子得以聞大道之要，小人得以蒙至治之澤。而竟使位才至一命，年僅躋下壽，沉屈阨窮，以終其身，俾其鋪舒皇王之志不少槩見於世。上天生賢之意，固若是茫然乎？抑亦氣數之所推盪，天亦不可奈何耶？所以伯淳之無福，天下人之無福也歟！

然而區區外至之榮辱，於先生何有？嗚呼！先生以不世明睿之資，爲格致誠正之學，不由師承，深造自得，富有大業，日新盛德。迨其晚暮而不知疾病之已痼、年數之不足，猶慥慥不已，優入於剛健中正之域，而默默加工，內而不出。故雖以同堂之親、平生之交，但知先生之爲有道君子，而若其造詣之所極，有未能盡知也。矧玆如小子後生晚進，何敢窺度其涯涘？

然而測其襟度，則冰壺秋月之瑩然無瑕；瞻其氣象，則清水芙蓉之皭而不滓。洞見大原而宗石潭理氣之論，身任大經而闡華陽尊攘之義。評人物之性，則淵翁與歸；辨心氣之同，則渼老是從。講三百三千之經變，大其本而不遺其末，通於古而不泥於今。燦然節則乎天人而爲今與後之所法象，則先生之有功於世教者亦大矣。至若尊主而庇民、範世而垂俗，則自有胸中講究，慘憺排置者，而井田之必可行也，科擧之必可革也，乃其中一二耳。每謂："元聖《周禮》，綱領擧矣；柳氏《隨錄》，條目備矣。任經濟之責者，擧而措之，小而治國，大而平天下。"是可以見先生之志也，豈欲果於忘世，獨善其身者哉？

嗚呼！以先生彌綸一世之才，際聖明側佇英俊之時，而終未有一日之遇焉者天也。逮夫講官之除也，出入离筵，輔導元良，卽先生行道之權輿，而六十年所蘊抱，方有展布之望矣。朝家之敦勉日以重，士林之期待日以切。而先生介石之操，確乎不拔，歲一周而終不膺命者，不惟沉痾之難强而已。百世之下，應有知先生之心者，必有感於其出處之際矣。

嗚呼！小子受才昏鈍，稟質駁濁，幼而失學，長無所業。年過志學，始發願於求仁爲己之地，以書爲贄，納拜床下，摳衣乎蒼崖鍾岡，承誨於春山秋堂。六經百家、三才萬象，以及於治亂興亡之跡、行藏語默之要，靡事不論，論必竭端，其所以發蒙而牖迷者，靡有餘蘊。顧以不肖無狀，少無可稱，而過加奬詡，謂可以敎，恩愛之至，靡不用極。而氣質一定，克治不力，孤負仁敎，甘處下流。淵冰之戒，夙夜靡弛。竊冀繩鞭之掣不息、烏頭之力不去，庶償區區聞可之初心，天不欲遂吾願耶？何先生之敎我不卒，而棄之如遺也？

嗚呼！砥柱傾矣，蓍龜亡矣。百川奔趨，而誰任回瀾之功；衆盲摸象，而莫知稽疑之所。將至於斯文化異端、學者至用夷，而石潭、華陽傳授法門，幾何不剗地而盡矣？此固爲世道斯文無窮之恨，而直欲籲天，而不可得者也。若小子行己而無所就正，劬書而無所質疑，倀倀半生，卒業無地，尙屬一身之私慟耳。

嗚呼！堂室依舊，闃然下帷，光霽之抱，若可以挹矣；金石之音，若可以承矣。而淸明溫粹，公誠坦蕩，覿德而心醉，聽言而誠服者，今不可以復見矣。

嗚呼！神情相邇，幽明不隔，伏願尊靈，默賜警醒於冥漠之中，則小子敢不奮發踐述，以卒承罔極之恩？伏惟尊靈，降監而垂憐焉。嗚呼哀哉！

祭近齋先生大祥文

嗚呼哀哉！士有二道，出與處而已。出可以有爲，處可以有守。然以孔子之至公血誠、孟子之龘拳大踢，到底無着手處，則致君堯舜，用熙鴻號者，後三代而寥寥，其勢固也。蓋其明良之遇，曠世一値，而氣化之盛衰、人事之得失，反復相尋，終莫由成隆古之治，此爲千載志士之恨而亦不能無憾於天者也。然則出焉而不得有爲，孰與處焉而獨全其守乎？此吾先生所以沒齒自廢，而猶未悔者歟！然以其時則大有爲之會也。聖人在上，寤寐英豪，以先生富有之業，若或幡然膺命，則遇巷无咎，可期久大之德業，亦豈非難失之機？而不拔之操，其介如石，有若果於忘世者然。此曷故焉？卽所謂"非伏其身而不見，非閉其言而不出"者也。

嗚呼！君子之進退行藏，自有精義存焉，非小智偏見所可與聞，則曷敢任胸臆之裁，塞睚眦之辭，自干乎法義之誅哉？然先生之所秉執，卽小子之所獨知者，亦何忍含蓄不發，使其以一身而任天下之大經，以一心而存天下之大防，撑亘乎兩間，炳朗乎三光者，晦而不章，泯而無傳乎？

嗚呼！【缺缺】攸迫，天不悔禍，皇朝之不血食，垂二百祀；奴酋之保子孫，至五六世。自有華夷以後，所未有之大變也。以四海之廣、九州之大，無一人仗鉞討賊，以明《春秋》大一統之義，而被髮左衽，甘爲臣僕，吁！亦可哀也已。繄我左海一隅，覆燾大明乾坤，昭揭崇禎日月，巍巍禁苑之壇，侐侐華陽之廟，伸拱北之誠，著必東之志，將有以彰大義於天下，永有辭於萬世者也。以故君臣上下所講明者，尊周而攘夷也，所交修者，復讎而雪恥也。是以金珠皮幣往來之中，不忘臥薪嘗膽之志，此天經地義、民彝物則之不可遂已者也。世衰道微，遺君後親，不復知有含冤忍痛迫不得已底意，至以宰予觀夫子之辭，加之於醜虜，則天地之變，於是焉極矣。

嗚呼！聖人其可侮乎？父母其忍忘乎？是可忍也，孰不可忍也？嗚呼！先生之所學者孔子也，所抱者《麟經》也。孔子之聖，被其汚衊，《麟經》之編，無地可讀，則先生于斯時也，寧伏而不見，閉而不出，其所自靖于身，守而不變者，卽以尊聖人而攘夷狄乎！《春秋》，孔子之書，而尊中國卽數十大義中第一義，則尊聖人乃所以尊中國也。

嗚呼！先生不在其位，則固無以奉行天討，闢之廓如。顧不可以一己之行止，任大經而存大防乎哉？是故但知吾心之有天理，不知吾身之有禍福，此先生所以不懾不懼，勵萬夫不可奪之勇者歟！先生之心，富貴之所不能淫；先生之節，貧賤之所不能移；先生之志，威武之所不能屈者也。先生學貫天人，行通神明，出其有，足以陶鑄當時，推其餘，足以模楷永世，而惟此一節爲先立其大者歟！

嗚呼！使先生而出者，固可以左右胄筵，成就睿德，以鞏我億萬年洪基，則群黎百姓擧蒙其賜，澤利之及，孰與爲京？然此或有任其責者矣。先生一不出而聖人尊而夷狄攘，夷狄攘而中國自尊，上有以明天理，下有以淑人心，譬如九野閉而濳陽孔昭，兩儀昏而一星孤明，先生眞可謂孔門之忠臣，大明之遺民者矣。於乎盛哉！微先生，吾誰與歸？所以江漢羹墻之慕，閱三歲如一日，至沒世而不可以忘焉者也。

嗚呼！知德者希，孰識其貴？然知與不知，亦何有於先生哉？小子顓蒙，痛微言之將絶，憫大義之已喪，不揆僭妄之嫌，竊附表章之義，哭告于靈座之下。若使先生出處大節，賴而有傳，扶天綱於一世，樹風聲於千秋，則小子亦與有榮矣。伏惟尊靈，降監在玆。

祭外舅姑遷葬文【壬戌】

嗚呼哀哉！我拜于公，今爲十有五年，尙記其坐之膝而撫之頂，而德意之藹然，許其子而妻我，指來年而結二姓之緣。時公齡近七旬，而脩幹豐下，肩背竦直，望之如神仙。謂當享期頤之壽，敎我誨我，以期于永久，胡不憖乎一老而遽至於啓手？及余入于公門，嗟棣儀之莫覩，謁姑氏兮上堂，霑余襟之浪浪。緬疇昔之擇對，愧坦腹於東床。

嗚呼哀哉！公忠欲盡分，而完始終之一節；孝施有政，而作儀刑於四方。文學足以賁黼黻，德量足以鎭巖廊。宜其講國論而秉國成，昭乎揭昏衢之日星。胡爲乎棲棲玉山之北，隔春明之物色？

逮元陵奉諱之夕，晨起痛哭，不知東方之白。年年三月日，血涕交而無從，可見言與行其可迹。追寧考之殊遇，豈忍果忘於宗國？羞干進而務入，與時俗而流從。遭聖人而得擧，虛前席而從容，許沐浴之大義，說昔日之囊封。公感激洪造，擬致匪躬。旣鞶褫於南州，命臥治于江漢之東。公何爲兮不少留，聊翺遊兮太空？思夫子而太息，勞我心兮忡忡。

嗚呼哀哉！佳城叶吉兮，玄和再移，左右之祔兮，情禮罔虧。千秋萬歲兮，永慰同穴之思。吉日兮良辰，桓楹載施，若典型之更覯，奄窀穸之告期。拚旌一慟，情見于辭，凡今之人，孰知我悲？繄我之悲！非以其私。嗚呼哀哉！

祭亡妹尹氏婦文【乙丑】

自爾云亡，奄薄一旬。
收之空木，筵几爲陳。
始疑若夢，終覺其眞。
强作笑語，用慰老親。
退處于室，淚應心零。
愴怳懭悢，寢夢猶驚。
凡今之人，誰無弟兄？
嗟吾與爾，特百常情。
先妣早世，時尙孺嬰。
爾生十二，我加六齡。
亦有爾姊，年堇二八。
有弟名壽，生才四日。
蒙袞撫髫，相看泣血。
天胡降割，阿季斯奪？
維吾一身，形單影孑。
賴有二妹，依以爲生。
喜爾于歸，君子之庭。
克配良士，以永德聲。

時日不見，未堪伶仃。
暨送爾姊，在湖之鄉。
涯角相思，日夕浪浪。
于以重會，在彼白城。
怡怡晨昏，秩秩豆觴。
棠棣之華，鶺鴒于翔。
謂當百年，玆樂未央。
云胡爾疾，而不可爲？
瑣瑣千方，無地可施。
病豈死人？治則失時。
莫責于命。人謀不臧。
云誰之故？有兄無良。
苟趁客冬，小試良方。
縱患勞瘵，詎滿膏肓？
宜我置之，不友之刑。
爾知無幸，願旋于京。
載造阜閣，猶冀其生。
尊舅尊姑，爰及夫子，
夙夜救護，盡精殫技。
庶幾誠格，神或感止。
矧爾爲人，宜天佑之。
終古難諶，奈莫持危？
如惔如焚，我心何其？
神明發外，善言絶悲。

慮我傷生，戒我過哀。
至性攸存，之死可知。
未忍自毁，以傷苦心。
由心發外，亦難自禁。
哭死而哀，非爲生者。
縱有百身，寧可贖也？
含章不見，孰信其然？
旣豐而嗇，我欲問天。
輤車將駕，卽彼高深。
楊流湯湯，桂岦嶔嶔。
明朝一往，終天不返。
寥寥虛室，何時復踐？
生無一息，曷依曷恃？
煢煢孤魂，誰尸誰祀？
於乎吾妹！於此永已。
和淚爲文，血漬于紙。
柩前隻鷄，出自家羞。
一氣流通，無間顯幽。
知爾英靈，臨發遲留。
念我高堂，抱玆悲酸。
寄而有歸，如夜晝環。
好去九冥，重覿慈顔。

祭性潭宋公文【戊辰】

嗚呼！學問之道，求仁而已，而仁之道大矣。四端皆大所與之良貴，而仁者天地生物之心，得之最先而兼統四者，在人則爲本心全體之德，有天理自然之安，無人欲陷溺之危，人當常在其中而不可須臾離者也。以故孔門之敎，先於爲仁，鄒聖亦以尊爵、安宅贊美焉而歎莫禦而不爲也。學絶敎乖，爲人而不爲己，則爲仁而由己者鮮矣。歷選近世之士，能求仁爲己，庶幾近於洙泗心學之餘者，惟先生是已。

嗚呼！先生以華陽之肖孫，纘華陽之墜緖，讀其書，求其心而自占幽貞之象，獨抱固窮之節。萬物不干其志，天下不易其樂，永矢林下，終其身而無悶，絅錦日章，皐鶴天聞。推曠感於先正，懷典型之所有，上焉而責鳳儀鴻漸之美，下焉而守龍蟄龜藏之義。天書十下，恩禮俱竭，卽世臣畢義之願，異隱者亂倫之類。回邱壑之遐心，膺賓師之寵命。若可以追文正公故事，而离筵才撤，初服遽返，若不俟終日，是其故何哉？ 出於量己之深而前定者不窮，是可以見先生之素履也。

嗚呼！得位而爲王者師，布衣之極榮也，享壽而至八耋齡，生人之大願也，是或偶然而致之，而惟其學成道尊，巍然爲一世之儒宗，其德之得於心、充於身者，非人人之所與有也。此孟子所云"三達尊"者，而先生兼之，有玆三者之兼焉，則通國莫不知貴。雖斂然退藏，不以自居，而人之所以敬之者，豈以貌而不以心哉？

嗚呼！先生所有者良貴也，所修者天爵也。位造貳公之弘化，而非求也；壽至東庠之受養，而非辱也。充衍堂宇，孫曾振振，奉專城之養，報金帖之喜，而非可懼也。卽人道之旣立，亦天命之自申。先生之於道與德、壽與福，殆無遺憾矣。以是而靖獻于文正先生，則豈不曰予有後昆乎？

嗚呼！直弼亦曾踵先生之門矣，以身則獨，以疾則貞，旣末由束脩而請敎，又莫能執經而問業，秖識伊川面而止，此爲終身之恨也。惟吾先潛德幽光，賴大筆闡顯，庶幾不朽於永世，幽明受賜，隕結而不敢忘者也。

嗚呼！直弼親炙餘光，無時月之久，未足以考德。然竊覵言若不出口，身若不勝衣，而神閑氣定，雍容暇豫，晝宵息瞬，咸有所養，動靜語默，綽有成法，與人之際，藹然若春噓而物茁，使卽之者，發易直慈諒之心。玆豈但天分之高？卽因存固而心定也。程子以把捉不定，謂之不仁，而先生涵養深厚，寬靜有容，如春和景明，海晏天晴，此其所以近仁也歟！

嗚呼！大羹不和，孰美其淡？古井不波，孰測其深？知德者希，自古以爲然，亦何損於先生哉？直弼稟質偏駁，溫厚和平之氣，不能勝浮揚粗厲之心，而天賦旣定於始生，矯揉不力於施功，常切自悼，無望乎求變而美。及覿盛德、服矩誨，則若可以息閑氣、消忿慾。不有積中，何以發外？不能止己，何以正人？此其驗於觀感之餘者也。

由是而知先生之學，務自得於內也，是豈寄命于耳目，騰理于口舌，以梔以蠟，要爲自衒衒人者之所可髣似乎？

以故直弼獨謂："先生得洙泗言仁之旨而其學則心學也。" 願以是仰質于尊靈，亦以俟後世之君子。伏惟尊靈，諒至慕之非出陽浮，憐至願之秪存聞可，保佑命之，默誘其衷，則敢不從事于求仁爲己之地，以無負不倦之仁？嗚呼哀哉！

祭疇巖李公文【丙子二月】

忠孝之道，一而已。竭力以承其親之謂孝，致身以事其君之謂忠。忠出於孝，孝移爲忠。以故求忠臣，必於孝子之門，而求孝子，亦於忠臣之門焉。豈不以二理同極而立人之道哉？

直弼生也後，不及見古人，竊嘗以尙論人物爲念，雖於片善寸長，其心好之，不翅若【缺缺】[3] 而口出，卽其根乎天性者然耳。苟有進於此者，忘身而殉國，潔身以顯親，扶植乎天經地義而爲世敎之光者，則雖爲之執鞭，而所不辭焉。歷選近世，未知其孰當之也，九原可作，厥惟我韋菴公庶幾，而能趾美者，其疇巖公乎！

嗚呼！ 韋菴公規度之莊嚴、志氣之剛方，凜凜若崇峯峭壁，孤松獨秀，而人莫得以攀援。不待年至，高揖辭世，直是急流勇退，去神仙不遠。以此自終，亦可爲高出萬物之表者矣。

3 缺缺：《書經·秦書》에 근거할 때 "己有"인 듯함. 洪直弼이 지은 魏伯珪의 墓誌銘에 "若己有而口出"이란 표현이 보임. 《存齋集 卷24 墓誌銘》

嗚呼！忍言黑虎之事乎？賊臣竊柄，動搖長秋；權奸紹述，坤極將傾。時則有若二李公，出萬死不顧一生之計，相繼抗疏，終爲國母立慬，其危忠直節，與日月爭光，詎不韙哉？然二公，疏逖之臣也，知時義之爲大而當言卽言者，豈無所自而然哉？言議由賢者出，而二公咸出於韋菴公之門，不恤一時風色，惟盡面前道理，成就一箇是而已者，嗚呼！吾知其所從來者存也。二公之自樹立，雖其令德高行之所使然，而苟不固韋菴公至誠孚感，曷能決性命辦大節乃爾乎哉？

嗚呼！崑岡焚玉，餘炎燔穹，韋菴公因之不免，桁楊梏棘，備經危厲而竟歿于魑魅瘴癘之鄉，是爲國人之所共悲，殆有甚於汨羅者。而夷然自適，如處樂地，至九死而靡悔，卽其矢心者然也。篤論者以公幷二李而擬諸已巳三忠，至以爲功則過之。蓋陽谷諸賢言之於已然之後，韋菴諸賢言之於未然之前，防微杜漸，轉危爲安，是以難也。嗚呼！終使黃裳元吉，萬物化光，是非所謂“忘身殉國之忠”者歟？

嗚呼！公之事韋菴公，如不勝若將失，眞執玉奉盈之不翅，固其至性然也。禍釁以來，其所以自分者，秖知以死而不知以生，土木其形骸，氷火其腸肚，灰心垢體，其泣成血，嗌不粒食，疾不茹薤，卽白傅所謂“欲自潔而毁傷，懼虧孝於歸全”者也。三十年所準擬以究竟者，卽捐軀而下從，終不底于滅性者天耳。

及夫天日重明，幽寃畢伸，寵禋榮謚，恩光普被，則公無不可仕之義，而沒齒巉巖，自甘淪廢，以自靖于一身而獻于先人者，其心固無憾矣。與農、淵二公所遇遭差殊，而所自靖則同，曠百世而相契，托知音於遺風，後有修孝友之傳者，其必并述而聯書也無疑矣。

直弼始拜公于東郭，語及變故，淚下如雨，意謂振觸故適然耳。伊后靡時而不然，逮夫開《小學》之講也，臨文輒嗚咽，幾作孺子之泣、嬰兒之哭，不獨《蓼莪》之爲可廢也，是非所謂"潔身顯親之孝"者歟？

仲尼有云："孝者始於事親，中於事君，終於立身。"公於其始而終者，所自致若斯其至，則由是而事君者，亦可以推知也。向使不遭愍凶，蚤已蜚英，則進可以立經陳紀，建事功於一時；退可以全身完名，樹風聲於百世。閱夷險而一節，合忠孝之兩美，克紹韋菴公成法而用卒世臣畢義竭命之願矣。事乃大謬不然，卷而歸之，不少槪見，嗚呼！豈非天哉？

然所以事君之義，不出事親之道，止于孝，乃所以止于忠也。韋菴公既顯遂于國，公又順寧于家，其所以答君親之恩，明臣子之道者，一致而同歸，兩節而并弘。抱鐵石之苦衷，勵竹柏之孤操，見貞心于歲寒，卓勁標於疾風。并世傳爲盛美，後史載其徽烈者，嗚呼！其盛矣乎！

直弼出入門墻十數年，猥蒙國士之待。若其叨陪之樂、知遇之感、道義提耳之敎、山水賞心之趣、出處行藏安身立命之方與夫對衡望宇相期以林下十年而賫恨于千古者，所可述也，殆難以更僕數而累牘書。秪敍其課忠責孝，有槪于微衷者，敷衽以陳于筵几之下，疾病昏瞀，文不能宣盡此意。惟方寸之耿耿，若貫徹于幽明，庶至誠之有格，毋或吐乎玆觴。嗚呼哀哉！

祭朴元得文【丙子】

嗚呼哀哉！大舜敷五教，仲尼說五道，而朋友之交，居其一焉。朋友非天屬之親，而班乎君臣、父子、夫婦、昆弟之間焉者，君臣、父子、夫婦、昆弟之道，非朋友講習，則不明，不明，故不行。是以朋友之於人倫，其誼若輕，而所係爲甚重；其分若疏，而所關爲至親。是乃天之所敍，而非人之所能爲也。

古來論交道者，必言管、鮑，而管、鮑循跡而量情，必言牙、期，而牙、期待音而賞心，是亦非至者也。孰若不佞之於公，未言而志喩，先事而慮諧者哉？師曠之調五音，易牙之和五味，未足喩其融洽也。以故相體而互資者，如形影之隨、聲響之應，若斯者三十年于玆矣。今也則形旣滅矣，影何附焉？聲旣絶矣，響何答焉？公眞死乎？我眞生乎？生而無樂，則其生如死；死而有知，則其死如生。而我不能通幽明之故、知死生之說，其將孰從而致詰哉？

嗚呼！不佞及先先生之門，時纔勝冠耳。沖藐蒙騃，惟步趨唯諾之致愼而不知傳道受業之是事。賴有公左右函丈，接我以恩信，迪我以理義，不佞之粗識趍舍立雪之餘，得於公者爲多矣。

嗚呼！黃羊何歲？樑木遽摧，執幽音而晨赴，血淋漓於公指。相抱而哭，號絶者屢。因之窀穸事畢而音徽永翳，微言寖邈，則倀倀乎靡所因極，不直以考德問業之無所而已。然而孝子克家，門墻不空，庶幾紹明光訓，嗣聞斯道。以故不佞之跡，不詒伊疏。常以沙溪之愼齋、渼湖之三山，期望乎公。公雖謙虛，不以自居，卽其居喪而盡易戚之實，存心而立仁禮之體，言行相顧，準以繩尺，無一事不可對人言者。雖往哲之專於內脩者，亦何以尙之哉？每入蘭室，覿芝宇，自然孚感，怳若攀老成之典刑，慰山頹之永思。公亦不以我無似，謂“可以閱天下之理而論天下之事”，天人性命之源、古今治亂之本、三百三千之常變、君子小人進退消長之幾與夫有家日用之體、語默動息之節，肆口揚扢，兩竭其端。或相視莫逆，或相持不下，卒乃爛漫同歸，莞爾而笑，要之理順氷釋，然後乃已。卽其心心相照，事事相須，有百年金蘭之好，無一辭鍾律之乖者，有如此焉，此豈容一言而盡哉？

嗚呼！先先生崇德正學，固已爲一世儒宗，而所秉之大義，可以軒兩儀而昭雙曜，質千聖而俟百世，天經地彝賴以不墜，而終身自靖，不少槪見。知德者希，孰諦其眞？將擬以今與後之所法象者，賴有《實記》一部耳。以孝子之至情，述耳目之所逮，譬如《鄕黨》一篇畫聖人無毫髮差爽，則苟欲求先生全體大用，舍《實記》，奚以哉？斯已足矣，而公猶謂“出自天倫，語涉言詮，未可以徵信永世”，且以不佞侍杖几日久，俾述狀德之文。顧愚不肖曷敢當是寄哉？辭不獲已，久而後聞命，惟待學就識進，始可以下筆，而奄遭大存歿矣。孰謂人事之難準擬，至於斯極哉？擬令早晚見成，其將無所乎斤正，是尤齎恨于千古者也。

若至遺書全部，卽先先生道學、文章、節義三者之所爲載。當壽厥傳，用圖不朽，亦公之所委屬于不佞者也。刪複釐誤，淘洗成書，非一人手目可了。全集草稿，尊閣丌上，其將誰適與論？要就質于士友，則患無所於折衷；任取裁乎胸臆，則懼或涉於專輒。今焉繡梓有緖，刪述無期，未嘗不抱遺編而發唏，痛九原之不可作也。縱使付諸剞劂，苟或未盡完粹，則豈所以副素日鄭重之託哉？是爲日夕所壹鬱，而無誰語者耳。斯二者卽公平生苦心之所注，則必有不泐者存，應耿耿于九幽之中也。尙冀明靈，默賜警醒於寤寐感通之際，俾不迷於所由否？

嗚呼！先先生以一身之出處，樹百代之風聲。以公淵源之所漸、擩染之有素，知有此箇義理久矣。逮夫一命之至也，公謀及去就于不佞，不佞擧似第一義，是爲公家家法云爾，則公犁然不逆于心。而以筮仕之出於推恩，向後之難於充類，出而膺命，乃有不得已也。旣不潔身而亂倫，亦非忘義而循祿，眞所謂“君子之仕也，行其義也”，豈苟然哉？不佞之終不敢尼止者，殆以此也。蓋公之隱忍爲祿仕者，卽以緬襄、文稿二事存焉耳。二者俱未及就，而卷而歸之，隨大化而冥漠，若無所乎聞覩，此何爲哉？此何爲哉？

嘗訪公于岳麓之下，時黃菊盈庭。爲言“東籬秋色政佳”，公卽會意而曰“德陽東閣亦有黃菊”，相對一笑。竟不月而賦歸，豈有感於陶公出雲之語歟？相信之篤，亦可見於此矣。如不佞者，固無出處行休之可言，而亦嘗側聞長者遺風，又奉承先先生緖論而素與公鑽硏到底者，卽所謂第一義也。及被再命，迫於庭敎，自不免顚倒一出。揆以斯義，壞了無餘。異日無面目歸拜先先生，而有愧於金密翁亦大矣。亟馳書用伸此意，則公擧聽松之一謝恩命、鹿門之久縻宮啣，以爲言，而焉有非祿仕、非行道而容易出脚如不佞之爲哉？進退無據，上下不及，自未免爲前後兩截之歸，此不佞所以憮然自失者也。以公明理達觀，卒不幸敎不佞耶？胡一往而不返，若相忘於江湖？願一見而道意，指九京以爲期，然所相期于九京者，卽生人自寬之辭耳。詎有死後之逢迎，可了生前之慕悅耶？冥契旣逝，發言莫賞，中心蘊結，呑不復宣。昔人之廢斤輟絃，豈不信哉？

嗚呼！記昔公做邑而赴也，求一言以贈行，不佞奉勖以事事尋求一箇是。公視爲七字符而將擬終身受用，受用不盡，而公遽至斯耶？還以自勉，用副公忠告善道之至意已矣。

嗚呼！淸明愷悌，公質之美也；仁孝慈諒，公行之純也。析是非於毫芒之末，言議之正直也；謹善利於幾微之際，心法之嚴密也。理有所定，淄、澠必辨；志有所守，金石不變，見識操履之旣明且確者也。學術足以笙鏞世道，文章足以黼黻皇猷。以是而行乎世，疇敢與之爭先？而公自視欿然，內而不出，恂恂若百不知而一不能，乃降志屈首，棲遲于枳棘，而尙患不稱其職，罔副分憂，常兢兢乎所以爲治，殆寢食之俱忘而忘貞疾之在躬。人或病其用心過苦，而終不改度，此豈但斯世之所罕？當於前脩中求之，而猶以爲難也。

吳隱之之淸操益厲，蜀文翁之儒化將成，而爲造物者所奪，併與其可久可大底德業而莫究莫卒，卒成寥廓，則直欲天問大招而不可得也。天道無親，常與善人，所謂壽與祿者，夫人而皆得之，何獨乎公而嗇之哉？五十年抱釁床笫，竟又客館皐復，孤兒號櫬，親朋莫致賵含，行路爲之掩涕，所謂天道是耶？非耶？

嗚呼！士爲知己者死，死固不可辭，則其於死生契闊之際，其何忍忘情哉？莊生之達焉，而其過惠子之墓，尙有亡質之哀，矧不佞之不能爲莊生者乎？宿草易滋，而傷恨不滅；松檟可拱，而悲緖無窮，要之與此身而俱盡耳。

嗚呼！隙駟不留，尺波電謝，而春蘭秋菊，英華靡絶，苟能懷馨香之至德、想卓傑之淸節，則是可慰生同志、死同傳之願耶？禮，朋友有同道之恩，相與服衰絰帶，卽士之疑服、素冠也，迺不佞之所施于公者，而其闋亦已久矣，將何所於寓哀乎？惟神明之相感，若不隔于幽顯，庶方寸之昭格，公毋吐于玆爵。嗚呼哀哉！

祭守愚李公文【丁丑】

嗚呼！天之生賢，蓋亦不數，而或間世而一値，則必因其材而篤焉，栽者培之，傾者覆之，是爲天道之常也。乃反摧折之、夭閼之，無其生而後已，俾其多少志業罔克有終，譬如虹橋蜃樓倏焉起滅，無迹可尋，不過一場戲劇而止，此曷故焉？苟其數命有定，諒不可逃，則始之生而畀之者，是又何理哉？此從古志士之所怨嗟，而今於在邦之歿，尤致憾於大司命之權者也。

嗟嗟在邦！公之爲人，可謂成矣。清明樂愷，何天賦之卓也？孝悌睦婣，何人倫之篤也？片言可以定國是，則見識之明且正也；納誨可以輔君德，則學術之精且博也。志節骯髒，則可以當犯顏批鱗；文章爾雅，則可以贊皇猷黼黻。入而有守，則可以婆娑邱壑，勵廉頑立懦之操；出而有爲，則可以端委廊廟，成尊主庇民之功。此非公拔類出萃，不恒有於世者乎？何爲而至於斯耶？

人之達才，不見用於當時，則必有聞於後日，不與衆萬之生同歸湮沒。而今公官止下僚，壽劣中身，許多抱負，歸之無何有而百不試一二，又不留一塊之遺肉。上天之至仁至公者，不應若斯之恝然，而報施之舛，至於此極，眞所謂“修正直以召災，好仁義以速咎”者耶？

公卽世而朞，尊伯氏與令姪相繼云亡，其間不能數日，賢閤與令嬌又不數月而奄然傾逝，玉山故宅不惟文藻之無徵，亭臺池沼已鞠爲茂草矣。死喪之威，亘古何限，而豈有如德門之偏酷哉？滄桑浩劫未足喩其變，烈火風輪未足喩其驟。“君子何厲？天實仇之，生人何罪？天實讎之”者，卽昔人之致詰于老天，而氣數之所推盪，天亦不可奈何耶？抑亦蒼蒼者無信，漠漠者無神耶？

嗚呼！生而爲英者，沒而爲靈，不隨朽壤而消盡。將蕩爲大化，與造物而爲徒乎？寧結爲神明，以照臨于兩間乎？將爲鍾山之玉，薦珪璧于明堂乎？寧爲泰山之松，作棟樑于大廈乎？將爲九淵之神龍，泐淵潛而自珍乎？寧爲九苞之威鳳，鳴高岡以瑞世乎？將爲和風甘雨，施普澤于下土乎？寧爲景星慶雲，耀祥光于太清乎？抑將復爲賢人君子，以續其志，以遂其願，鳴國家之盛而興斯文之衰乎？玄天幽默，鬼神茫昧，其然豈然，吾何從而知之乎？

嗚呼！余年十六，入在邦之門，左右提挈，今爲二紀于玆。兄弟朋友恩義兼該，公以廉貞而離俗，我以幽憂而鏟迹，相晤於寡諧之地，冥契於衆睽之中。雖隱顯行藏之不同，離合聚散之無常，而一點靈犀炯炯通照者，固如一日，是豈可以一言而盡哉？

嗚呼！淸氷玉壺，公之心也；寒松孤竹，公之貌也；銀山鐵壁，公之高標也；春蘭秋菊，公之雅韻也。若斯人者，雖曠世而相感，若朝暮之相遇，矧玆得之幷世，重以婚姻之密乎？今焉一曙而失之，則吾已！無爲爲善。倀倀末路，亦焉用見在哉？匠石廢斤於郢人，牙生絶絃於鍾子，不直精神殞喪，風味轉墜而已。

嗚呼！隙駟不留，尺波電謝，象生已撤於下室，衰草屢宿於墟墓，將何所於哭乎？始之不能越界迎喪，竟又不能修墓種樹，用述往哲之風義，一慟之展，亦罔及時，莫無遲我之來乎？惟公素日明理達觀，未嘗怛化，憂患之至，自不累於心胸，死生之際，亦能通於幽明，安天命之自然而無滯思於人世耶？固應泊漭漭而無垠，與太初而爲隣，俯視下界，不翅醯鷄之出沒，其何能眷戀我耶？ 折梁之哀、埋玉之悲，要之無我躬而乃已已矣。

嗚呼！公之螟嗣，以一身而蒙三縗，固千古之所罕聞。覆巢餘卵，存全未可知，縱令存全，無教無養，何以爲生？每來見我，寸心欲折。成立之道，固望于我；後死之責，亦不當辭，而旣窮且獨，又淹貞疾，無一事可以及人，異日泉下，殆無以藉手而見公矣。惟有述公之志，敍公之行，幽顯闡微，用圖不朽，是爲自効。而自念人不足以取重，文不足以記實，亦曷足有無哉？然擧世混濁，淸士乃見，則亦惟知者知之耳。

嗚呼！遯世獨往，居木石而群麋鹿，卽公之所永矢。以故身世兩忘，不少概見，庶幾不見知而不悔。 區區身後之名，何有於公哉？

嗚呼！公之於文詞，固天授神才，而不屑，故不爲，彌見其高也。 惟其殘編爛稿之零落世間者， 殆全鳳之片羽、太牢之一臠，苟使收戢而無佚，則絶世希音，可以被管絃諧金石。而後之篤論者，若一視以李長吉、邢居實之流，則曷如其已泯然而無迹乎？身已藏矣，焉用文爲？

嗟嗟在邦！萬事永休。日薄荒原，哭孤猿而腸摧；雲冷秋空，叫斷鴈而影隻。公臥重淵，我向故山，旅夜寒燈，晨程殘月，尙安所爲懷乎？泫然不知涕之無從，魂之聽之，亦應徊徨而凄惻。嗚呼在邦！

祭庶從兄營將【奭弼】文【癸未】

嗚呼!

凡民有生，固有一死。

或死牖下，華、扁殫技。

或死官守，親懿臨視。

或死于兵，馬革褁尸。

亦有凶年，餓莩流離。

等是脫屣，何必期頤?

翛然乘化，何怛何悲?

畏壓溺死，曰無吊儀。

巖墻桎梏，亦命之爲。

命不可測，孰知其然?

順受其正，是謂歸全。

遑恤我後，體藏骸捐?

烏鳶螻蟻，愛憎何殊?

如君之死，萬夫所無。

縱云天地，都是逆旅。

客中爲客，不遑寧處。

同人于野，駭蜉逞凶。

氣索神零，竟違考終。

皐復虛館，嶺海千重。

無人于側，幽明莫通。

此時此事，聞諸營僮。

其生其亡，家莫聞知。

其含其殮，其將憑誰？

執訃失聲，目斷天涯。

其然豈然，半信半疑。

阿寧遘沴，一曙短折。

子父俱沒，不能兩日。

哀恨干霄，禍炎燭坤。

行路相吊，鬼神煩冤。

豈伊人尤？天實爲玆。

何辜于天，其寧忍斯？

千里返櫬，一僕攀輀。

我往迎哭，東門之逵。

孀嫂孤嬌，相將號絶。

雲日慘冥，山泉凄咽。

逆殯漳阡，曠歲淺土。

一日九回，我心東注。

招携阿季，克襄窀穸。

一岡兩塋，葬以昭穆。

越瞻先兆，杉柏連枝。

神情孔邇，精魂不移。

亦足慰君，沒世孝思。

不幾日月，嫂氏下從。

矢心自裁，取義從容。

如得甘寢，克躡玄蹤。

于以祔之，虛左其封。
輝光門戶，涕咨鄉隣。
亦以驗君，刑化之眞。
人生萬緣，蓋棺則休。
琴瑟好合，如人世不？
煢煢孀婦，靡所因極。
呱呱遺孩，成立綿邈。
天定孔固，終必有復。
爲留碩果，用報不食。
嗟君爲人，拔類其卓。
本之樂愷，濟以剛强。
有才有藝，有識有量。
擧以措之，無所不當。
入幕爲賓，穎脫出囊。
再試牛刀，百度俱張。
討捕嶠南，嘉靖一方。
孰謂靺韋，君子是將？
行何德術，致郵斯速？
公朝欲試，利器盤錯。
莫不懷君，齎咨嗟惜。
何以得此，梁、楚之間？
譬諸解牛，未斧髀髖。
因地而局，亦天是慳。
鳴不盡聲，飛不盡翰。

世道人物，愾我永嘆。
緊我與君，異體一身。
恩義倫理，同胞與均。
不獨兄弟，如手如足。
共案連業，長枕傳服。
一齒以差，至于斑白。
左提右挈，與同苦樂。
疾痛苛癢，呼吸喘息。
相爲流通，罔不相須。
墓緬廚旨，身絲口餬。
待君爲政，如轉戶樞。
詎謂一夕，萬事嗚呼？
留我滯世，痛苦伶仃。
若瞽無相，如影失形。
籩豆湛樂，誰爲誰聽？
況也急難，孰安且寧？
百年身計，一朝墮零。
哭君三年，精爽都喪。
居室忽忽，出門茫茫。
或不用情，恝若相忘。
一念回薄，萬刃攢腸。
如將見之，寤寐心目。
莫辨眞妄，依舊忉怛。
言之不忍，詎堪泚筆？

含茹呑吐，奄迫祥月。

流電不留，跳丸斯疾。

一撤象生，萬古契闊。

涕泣爲文，用薦腔血。

搏胸一慟，五內決裂。

惟後死責，百不酬一。

擬銘君行，納于九幽。

幽顯闡微，用圖不朽。

嗟嗟奭汝，尙歆我酒。

祭季舅文【癸未】

嗚呼！天地之生久而世運之衰極，理終不能勝氣。以故凡壽夭之原於命，賢不肖之稟於性者，宜其相配，而恒喜相乖，噫！其生也有意歟？適然歟？以爲適然乎，則何其資質之純粹，儀容之端偉，德行操履之拔類出萃也？以爲有意乎，則又何其志大才良，若將有爲於斯世，而毁折之，隕穫之，猶恐其或成也？荊棘茂，而蘭蕙伐；鵂鶹盛，而鸞鷖稀，是固識者之所致詰于老蒼。而今於舅氏之喪，益無以處之。嗚呼！此曷故焉？

舅氏有通神明之孝，有澤生靈之仁。德量可以範圍一世，信義可以受托六尺而一誠所立，百度俱實，由內徹外，從本至末，動靜云爲、語默行止，純乎天理之正，無不可對人言者。覿德者悅，聞風者敦，是當擬倫於古人，歷選幷世，惟有吾舅氏一人而已。若是者豈非所謂“不常有於世”者？而胡爲而至於斯哉？

常人之情，咸願其有用於時、有聞於後，而舅氏擢巍科數十年，一步不服闇，背踏終南之逕，目無五侯之門。萬蹄爭騖，而我足自住；衆流奔趍，而我裳不濡，遺佚而不怨，阨窮而不憫。非直無求之之迹，亦無求之之心；非直不說着求字，亦不說着不求字。苟不固洞見實理，石介金貞，則其孰能與此哉？夫子所云“人不知而不慍”，晦翁所云“眞能自守，不求人知”者，擬諸舅氏分上，其能彷彿乎否耶？

雪霜大摯，知松柏之後凋；風雨如晦，知雞鳴之不已。一節終始，以至沒齒，亦繄我舅氏一人。不獨幷世之所無有，求諸古人而寡儔。是皆無所爲而爲者，豈要見知於今與後哉？斯爲天理當然而吾不得不然者歟！

嗚呼！天之降割我舅氏酷矣。四罹荼毒，九哭繼體，膝下之迹如掃，存而不如人生，歿而有甚人死。是固親懿之所煩寃，行路之所涕淚，致憾于司命之權者也。至若以終身沈屈，爲公不遇之恨者，是不惟不知公，亦不知天也。公抱朴含眞，忘懷得失，在約無改，含味獨遊，以至於身全名完，浩然無愧，如璧之白，勿緇勿缺，卽其一心精純，上通于天，天之報施，其在斯乎？

惟天之賦物，齒角不均，花實不幷，或以富貴福澤而厚生者，或以貧賤憂慽而玉成者，或以德義名節化今而傳後者。如公之所自致者，當爲世敎之耿光，斯其見天之心乎！

借使公隨俗浮沈，與時俯仰，雖立大功名取大事業，以此較彼，孰重孰輕？然則天所以了舅氏者，不其厚乎？是亦差遣之意，骨肉更何述哀乎？若小子有不忍忘之情，不自已之慟。

生長于外氏，被鞠于王母，飲食教誨，惟舅氏是須。誘掖激厲，靡極不至。始導以功令之業，終勖以聖賢之學，粗自發軔，炳燭冥塗者，咸舅氏賜也。小子不天，幼失所恃，至哀貫心骨，貞疾纒膏肓，宛轉苫堊，幾不勝喪。舅氏涕泣以寬之，毉藥以濟之，扶死回生，用延殘喘者，亦舅氏賜也。舞綵怡愉於王母之膝，不知誰爲子而誰爲孫，自忘其爲無母之兒。逮王母捐巾幃，則以事王母者事舅氏，舅氏亦以王母之視小子者視之。隆摯之恩，湛翕之樂，殆無一膜之障，精神互注，形影交須，有無而相資，喜戚而同情，幾不辨異宮與異姓。

暨夫卜居岳麓，卽是分華一半。春蘭秋菊，觴詠趺宕；朗月清風，步屧躋攀。賞花獨松之亭，聽瀑小壺之泉。或盪胸南岳之絶頂，或懷古北亭之遺墟。具四美而幷二難，是其心期之超然於象外者，而公猶嫌緇塵汚人，有山林獨往之願。買屋峒陰山中，將成全家偕隱，躡峒隱之遐躅，襲農巖之高風。小子亦常願畢命漳楸，漳之距峒，其間餘一舍耳，騎牛往來無難也。操几于金水、玉屛，振衣于白雲、寶蓋，尋幽選勝，極仁智之趣。因之卒奉餘誨於息影嵁巖、向晦宴息之中，薰炙觀感而有得焉，鞭策馳驟而仰成焉。雖靡敢妄議於隣德之不孤、同明之相照，庶幾承載凝聚，收功一原，不惟續紫閣未了之緣而已。是爲所寤寐永矢，而詎料人事之變乃至斯極哉？ 縱令異日獲遂準擬， 柢將徊徨山澤，發西門叩策之感而已。

嗚呼！ 公蟬蛻於汚濁， 升淸都而陟紫霞， 與造物者翶遊，則生者嗷嗷，不其妄歟？又何必浪浪乎？夫性命得喪之理，已知其如許，而生當爲歡，死亦奚悲者，玆爲古達人名論。然若小子者，知遇絶矣，賞音空矣，短景末路，塗轍已窮， 倀倀餘生， 疇與爲歸？ 縱欲大觀而忘情， 亦何可得哉？

公之棄小子， 鑽燧已三易矣， 墓草已再宿矣。 日遠月忘，漠焉若曠世然，每一念至，忽不知其已歿，聲光言笑猶彷彿于耳目。 砥墨和筆， 用瀉哀腔， 而淚迸心折， 不堪爲辭，旋復甲管者屢矣。今焉象生之筵垂撤，終天之訣載迫，而病憂昏霿，文又不能盡其意，將何以攄彌年撤樂之懷乎？

嗚呼！小子之於公，親惟酷似，而楂梨橘柚未敢比擬其美。 然虛辱知奬， 誤認以在側之明珠， 嘗謂"世無知我者，惟汝其幾"，則其英魂靈氣洋洋在上，不以幽明隔而死生間，應有不昧者存， 莫無想望於小子而遲其一言之薦乎？ 將謀狀公之德，銘公之行，發潛闡幽，用圖不朽，秪可以塞後死之責已矣。 但恐有違於遯世不悔之操， 有累於泯然無迹之地， 是爲所兢兢也。 一酌之酹、數行之誄， 五十年舅甥之情，盡於此矣。嗚呼哀哉！

祭從弟允汝【翼弼】文【乙酉】

嗚呼!

我爲兄弟，滿五十年。

寡懽多慽，其命也天。

細檢疇曩，淚在言先。

乙巳何歲? 仲母蚤世。

君纔八齡，奄罹釁戾。

受養吾母，遂忘失恃。

惟我於爾，差長二齒。

頭齊肩幷，左右親侍。

聯袂共床，至于長大。

名雖群從，友自天愛。

我復遘愍，母氏捐背。

看君含恤，眞如喪妣。

皇祖季父，哀慽荐摯。

爰及春城，禍患孔酷。

攀櫬千里，欒欒雙棘。

雖則孤苦，亦克負荷。

萱庭春輝，寔若生我。

惟孝惟友，宜右宜左。

纔免于喪，兄科弟仕。

相繼典邑，嶺、湖密邇。

迭奉板輿，致養孔侈。

雙蓋互傾，行路縈止。
餘厄未艾，奭從折命。
變出倉卒，其死非正。
哭望天涯，號絶塞哽。
君來自南，相對淚迸。
死固難作，生亦奚倚？
相養相守，矢心終始。
形影不離，期于百祀。
云胡疢疾，又嬰乃身？
阻食窮年，渴睡徹晨。
內銷外鑠，敝形竭神。
二竪肆虐，千方蔑績。
扁、和不作，大藥難得。
惟命靡常，疇測神理？
日臻危篤，遂以不起。
鶴髮北堂，號隕投地。
菊月五日，載周甲晬。
將頌九如，莫擧一觴。
何言寬譬，用禱壽康？
斯恨徹骨，難腐幽明。
閤哭干旻，晝燭欲滅。
三尺抱衰，螟孤孑孑。
弱女呱呱，日夜煩寃。
叩之不應，莫返游魂。

嗟嗟吾弟，末路善人。
易直慈諒，厥賦天純。
孝悌睦婣，其行近仁。
無失清濁，其中則辨。
月朝人物，臧否不眩。
輕財喜施，罔較贏屈。
後己先人，猶恐少忽。
詎恤凍餓？常空杼軸。
義而及物，用資緩急。
非出責報，不要見德。
苟充其志，衆濟施博。
作宰四載，苦心芻牧。
値歲大沴，濟生良藥。
亟解倒懸，移粟減糴。
衆口成碑，載屹頌石。
朝遞縣紱，夕闕家食。
在君奚憾？一斥不復。
仁者必壽，孰云不忒？
致詰老蒼，罔可究極。
漳邱卜塋，垂三百祀。
世違地殫，無容更窆。
惟楊州東，孝子峯北。
有封崒如，季父攸卽。
松檟鬱鬱，吉祥郁郁。

卽祔于傍，天作眞宅。
卜曰允臧，枕亥之麓。
神與人謀，同聚骨肉。
庶幾億世，永寧兆域。
窀穸有期，玄殯將啓。
親賓畢集，以祖長逝。
大寐不醒，一何冥昧？
獨不顧我，飽茹痛毒？
爛腸剜瘡，其何能克？
自念無術，塞後死責。
餘生凜凜，朝不謀夕。
晩途窮轍，靡所止泊。
胡不少淹，相慰窮獨，
舍此堂宇，卽彼川陸？
白日欲陰，群鳥來哭。
一往無回，是名何別？
安固厚壤，君事則畢。
抽心爲文，終天與訣。
告以百哀，聲淚俱竭。

祭金忠州【基豐】文【己丑】

嗚呼！學窮王霸之略，而不自以爲知；行篤孝友之政，而不自以爲足；訏謨可以彌綸世道，而不自以爲名；文章可以黼黻皇猷，而不自以爲有，愛君憂國之誠，博古通今之識，優遊不迫之度，寬裕有容之量，卽公之得於天而過於人者也。豈非不常有於時者乎？胡爲而止於斯也？

天地之生久矣，人物之稟，亦隨風氣而淳漓，求其拔類出萃者，不能一二於千萬。苟或邂逅一值，則莫不愛其生而哀其死，往往有贖百身起九原之思。今於公之云亡，而彌不勝忉怛而齎咨，詎或爲吾私而然哉？

公生長名門，富有其具。夙負公輔之望，將畀均成之責。信能時命俱至，得遂其志之所願，則太上之致澤君民，其次之救時少康者，蔚有範圍，克紹潛翁澤被生靈之功烈。而範驅不獲，沈屈蔭塗，俾鬱其滿腹輪囷，排鋪者不少槩見，郡邑康濟，卽九鼎之一臠。是曷足以盡淵博之蘊哉？

公不求知當世，亦不與不知者言，故世鮮有知公者，所以終於不遇。然遇不遇亦何與於公哉？天之施於公者，旣示其兆，而終艮其身，有似戲劇然，雖欲不致詰老蒼得乎？

嗚呼！賤子於尊門，自有世舊之誼、通家之好。而先人之於公，合志同方，慕悅彌篤，有百年金蘭之契，無一事鍾律之差，卲齡深愛有踰骨肉。而賤子自在髫齔，偏蒙撫頂之眷，款承提耳之誨。蓋從經史子集義理文章之趣、賢邪淑慝·進退消長之幾，世敎之升降汚隆、言議之是非得失，極意商確，兩竭其端。而尤拳拳於先憂後樂，以呂·陳劈畫、賈·陸經綸、蘇綽之于宇文、王朴之于柴宗爲可以建功立事。常病腐儒之不達時務，訐直取忤，不能格君，而反致債誤，就其所及而告之，自其所明而入焉，是爲納約自牖也。若是者多成功而鮮敗事，程伯子所謂“從事而言，大變則大益，少變則少益”者也。以故持論不爲乖激，而務存大體；爲政不行崖異，而獨引綱紀，要使酸鹹甘苦共調其味，方圓平直各適其用，擧一世不齊之心，咸囿於太和之域，斯乃公之所準擬，是謂“忠恕所以公平”者歟！

公常嚬蹙於晚暮鍾漏之役，而爲供親戚之擧火，或不免降志，亦可以知仁。“仁之道只是公，公而以人體之，故爲仁”云者，非公之謂歟？每奉談讌，如懸河瀉水混混不竭，自不覺言下怡渙，非直前言往行之盈耳充腹而已。或有千慮一得，反復乎其間，則欣然開納，不吝印可，是可驗虛中無我，受盡人言，以來天下之善也。

嗚呼！鍾山之聽瀑，淸樓之觀瀾，北亭靜晝，南岳素秋，操几以從之者亦屢矣。公携令甥，我隨先子，爰及任、吳兩賢與偕，境與心淸，心與意融，悠然而會，歡然而喜，驗仁智之動靜，極樽俎之風流，物我可以相忘，上下與之同流，謂斯樂之無窮，指百祀以爲期。小子不天，先君棄背，禍故以還，冀盛庇於帡幪，儼一老之慭遺。纔半歲而公又捐館舍，老成典型於是焉盡矣。詎料人事之變乃至斯極乎？

嗚呼！尙忍言哉！易簀之際，神精不爽，以罔克面訣爲死生之憾，說與令甥，詮及賤子，此意鄭重，有不忍忘。始旣不能越禮而候疾，竟又不能用誠於終事，幽明之間，齎恨無窮。去喪不死，煢煢恤恤，短景窮轍，靡所因極。而令甥仍家禍僇廢，任丈又奄然傾逝，風驟雨急，桑海貿遷，縱欲復尋疇曩之樂，將何所復得哉？

卽玆隙駟荏苒，天星再周，而象生之撤斯迫矣。襟韻之踈曠，胸懷之坦蕩，氣象之宏偉和厚，可使寬鄙而敦薄平欲而釋躁者，今不可以復覿矣。一酌之酹、數行之文，千古之訣，訣於此矣。焉能忍而終古，爲未死之餘日乎？尊靈有赫，亦應憫惻而顧我乎！嗚呼痛哉！

祭潁西任公文【庚寅】

嗚呼！學窮天人之妙，而不求甚解章句；道希聖哲之歸，而恥以一善成名。慥慥乎言行之常，而不拘小節；拳拳乎經濟之策，而不屑去就。襟度坦蕩則物我可以兩忘，風範秀朗則威儀可以不選，寬綽而卓犖，和厚而俊爽。若是者詎非昭代之弘儒、淑世之偉人，而拔出倫類，不恒有於時者乎？胡爲而勞苦拂亂，憂戚終身，俾其大有爲之志閼而不遂也？

嗚呼！先生夙抱公輔之望，慨然以功名自許，若將陶鎔大雅，斧藻鴻猷，用卒久大之業。因之世禍自靖，遵養時晦，隱求初志，惟聞可是願，而所以安身立命者，於是焉存矣。然覩其飢臥陋巷，而認以塊然自守，則詎可謂知顏子哉？先生之薄試數邑，不嫌其降志辱身者，亦出於先憂後樂之素心，豈專以爲親爲貧二義已矣哉？賢路崎嶇，無處下手，隨時事功、副急手段，亦戛戛乎其難，則武城絃歌之不克有終，是亦可以觀世變，可但爲先生之不幸哉？

嗚呼！賤子出入門屛四十年，受契篤，仰德深，願學而未能者多矣。見其內修純備，孚感庭闈，則油然生孝悌之心；見其簞瓢屢空，安素自得，則怡然忘得喪之情；見其秉心堅確，靡所撓屈，則發歲寒後凋之想；見其炳燭程度，眞積力久，則切守死善道之願。見其刊枝葉而敦本實，闢中扃而豁城府，險夷不滯，寵辱俱忘，眞意淋漓，風流弘長，壹洗世俗齷齪沾滯拘曲暖姝之態，則有廓然一胞，靡復間膜之思矣。亦曾操几于洞天靈岳、名樓淨界，尋幽選勝，澄懷澹緣，極仁智動靜之樂，盡風月吟弄之趣，神韻溢發，若出於萬物之表，令人興感於沂、雩詠歸，非直飄飄有凌雲之氣也。

至若淸晝爐薰，靜夜燈炧，亹亹乎三才萬象、六經百家，歷代之治忽興替、聖賢之出處行休、世道人物汚隆臧否，上下揚扢，靡所不究。間有千慮之一得，則歡然牖納，不啻若【缺缺】[4]而口出。或妄守管見，執迷不下，至忘長幼之等，而亦虛襟聽受，兩相怡渙，無所芥滯於胸次。玆誠往哲之所難，而得之於先生。是爲知己之感，不亦末路之厚幸哉？

且先生春秋已卲，而精爽不衰，厖眉皓髮，神采燁如，冲眞恬漠，獨與道俱，其與世之膏火相煎，內乾而外澤者，固萬萬懸絶矣。常願如百卉凋零，而喬松挺立；萬屋灰燼，而魯殿獨存，斐然爲一世之耿光，不獨爲殘喘之仰成。孰謂

4 缺缺 :《書經·秦書》에 근거할 때 "己有"인 듯함. 洪直弼이 지은 魏伯珪의 墓誌銘에 "若己有而口出"이란 표현이 보임.《存齋集 卷24 墓誌銘》

變故之無常，若斯其奄忽哉？

嗚呼！天道無親，常與善人，而始之以窮身不遇，終之以一老不慭，好惡予奪與人相反，縱欲不致詰老蒼，何可得乎？意者先生厭世汚濁，委形乘化，傍日月而駕風霆，與前輩儒碩左挹右拍，翺遊於太清之上，俯視塵寰，拊掌顧笑，斯所以一往而不返乎？抑如長寐無聽，以爲夬樂乎？何其去我堂堂而不少回戀也？

嗚呼！神不可諶而命不可測者，自昔伊然。且以先生達觀知命，夙覰夜晝之常理，斂寂無跡，與大化同其冥漠，亦復何憾哉？在賤子有畢生之感，不能自已於情者。方美疢之初作，聊告余以永訣，至以爲“不面而死，爲難瞑之恨”，其意肫篤，其辭哀絶，豈不欲當下聞命？而喪制在躬，禮閑難越，思援前脩往例而不可得，則又敎以“幸無時日之慮，不敢希望於大防之外”，僠僠乎情禮之間，諄諄乎床笫之中者，委曲懇摯。斯誠以德之愛，而造次不失其正者也。尙冀異日更承謦欬，用畢考德問業之願，憧憧微忱結轖寢夢。荏苒之間，幽音遽屆，於焉大契闊矣，此何爲哉？此何爲哉？淵氷之戒，莫承於擧扶；帶絰之哭，莫與於殯窆，斯爲齎恨千古，而亦應耿耿於九京也。

嗚呼！岼幪撓而覆幬靡所依，棟樑摧而宊桷靡所寓，短景窮轍，倀倀乎靡所止泊，將無以塞後死之責，如此者亦焉用見在哉？乃今隙駟不留，鑽燧再易，而象生之筵，行將撤矣。一酹雖晩，終天之訣，訣於此矣。去喪苟活，仍嬰癃病，匝歲床簀，氣息如線，重以國慽罔極，天地崩坼，神魂遁亡，隔死如紙。力疾爲文，文不成章，積哀存心，心與涕瀉。尊靈赫臨，其尙顧我而歆我乎？嗚呼哀哉！

祭伯姑文【庚寅】

嗚呼哀哉！
惟曾王妣，大德範世。
必得之徵，七旬有四。
不有劉向，孰載彤史？
雍雍伯姑，典型是寄。
不惟學能，天姿式似。
藹然仁惻，充滿腔子。
動必中度，靜無違禮。
溫玉不磷，貞珉不鍥。
無施不宜，以有內美。
王考鍾愛，用當瑜珥。
施敎鞶帶，謹愼從爾。
環珮有常，克配良士。
天道福善，錫以胤嗣。
芝蘭盈庭，姊妹昆季。
風雨崩城，晝哭而毀。
危巢欲覆，護雛勞止。
振振孫曾，可驗昌熾。

告功皇辟，成績于紀。
先咷後笑，吉無不利。
惟其康寧，宜享百祀。
宗黨瞻仰，靈光獨巋。
胡不憖遺，奄捐巾几？
倏然反眞，厭世塵累。
豈曰無憾？食報不匱。
原始要終，浩然無愧。
矧玆年數，曾毋一致。
夫曷能爾？貞德之以。
小子不天，蚤喪先妣。
先妣之思，我姑是事。
飮食敎誨，仁恩浹髓。
歲時迎歸，奉以寢饋。
受几高堂，左右環侍。
式覲以襄，色笑婉懿。
敢云房賓？姑氏天只。
丁亥何歲？神天降戾。
戒我滅性，用延先祀。
手勸薑桂，强顔收淚。
微姑苦誠，久矣已死。
謂當帡幪，以沒吾齒。
詎料斯晨，舍去如棄？
哭之訇訇，踊絶于地。

氷魚殘喘，永失仰庇。
情之鞠矣，理之極矣。
生亦何爲？含恤靡至。
更無至情，知我如此。
尤不可諠，壼彝卓異。
何處更覩？四敎咸備。
繄我無述，後人何記？
庶無遺爽，寸心自矢。
隙駟不停，祖載載邇。
謝此庭闈，往卽幽隧。
玄氷皓雪，川原靡靡。
輤帷泛風，旌翣翳翳。
神氣感通，幽明一理。
歸見吾親，克敍友悌。
可知人世，有慽有喜。
泉路茫茫，德音終閟。
千古契闊，一慟永已。
和淚爲辭，辭不盡意。
尊靈有臨，歆我訣辭。
嗚呼哀哉！

祭老洲吳公文【癸巳】

嗚呼哀哉！先生德位仁壽，順於存而寧於沒，令名滿一世，盛業垂諸後，箕疇之五福、《鄒經》之三尊，先生兼得而有之。哭先生者，宜若無憾，靡所述哀，而獨不佞之所齎恨者存焉。吾道之弊久矣。洛、建以還，庶歸一統。而或據一方，有以屋囊而自娛者；或具一體，有以管蠡而自少者。標望自高者，或欠於平實；辯博自大者，或遺乎微密。高氣節者，流於麤豪；務忠厚者，歸於渙涊。守軌轍，則泥於方所；富才藝，則騖於作用。事功之誘奪、詞章之蠱梏，又作於其間，甚則猖狂自恣，喙喙爭鳴，扶東墜西，注彼竭此，而莫準于中。馴致道術爲天下裂，斲世敎而誤後學，是曷故焉？直由見不到、知不眞耳，儘乎眞儒之難也。

先生興受其敗，用當其機，以明通公溥之資，着敦篤刻厲之工，虛心遜志，因文順義，不囿於言詮訓詁，無局於見聞知思。浸灌而涵泳，溫燖而釀郁，爬櫛其絲毛，解剝其肯綮。極其大，而不略其細；研其精，而罔忽其粗。從淺入深，由博造約，透十重之玄關，收一原之奇功。眞見旣立，命辭無差，如八窓之玲瓏，萬象之昭著，而類皆師心獨詣，壹是怡然理順。

闡形氣神理之義，盡動靜體用之妙，以明造化生成之無二本，道器分合之爲二事。且主氣之論橫挐一世，有以天命本體掩沒於血肉窠臼者，有以人性純善爲氣質善者，而理爲氣主之義晦矣。先生發揮理字，刳心洞析，而曰："一物之中，自有正定，常有不易之體，雖無形無爲，而爲氣之幹。莫之或遺，莫之或亂，綱紀造化，流行古今。天地之所以不翻，萬事之無有不定，卽以此耳。”其培植扶護之功，當匹美於鄒聖之道性善也。“夫名理之論，自有一副公案，非人智力所可推敓。而習俗靡靡，徒尙閑氣，以公共義理，把作家計，一以先入之言爲本，卽此頭腦已違聖學宗旨。”玆爲先生所雅言，而獨尋一條正路於千差萬別之中，所擬化今與傳後者，於是焉存。

且以聖賢堂陛之不尊、華夷尊攘之不嚴、天經地義人彝之不立爲永世深長慮，是皆知言之發，而扶一線於群陰之底，章正理於旣蝕之中，卽其見得仁體眞切。故大心衆生，樂與爲善，必要其靡所差謬，偕底大道，眞可以建不悖而質無疑者也。

吾東之善言理者，惟石潭、三洲爲最，委曲周匝，兩端俱竭，發揮道蘊，輿衛經典，爲程準于吾宗。而先生以石潭之明睿，該三洲之密察，自其心眼所得以至筆舌所形，罔非妙諦精義，金衡玉尺毫釐不爽。其所以綜萬理、折群言者，俱足以承先啓來，以定于一，卓然作吾道之結局，若是者洵朱子之忠臣、命世之眞儒。天之降先生于今日者，將以通氣數之局，豈苟然哉？

先生生挺異質，衆善咸備。得師家庭，早自樹立，潛藏闇修，以養吾誠。昭明而敦厚，樂愷而正直。孝悌原於天植，恭儉著于日用，居安資深，自底凝道，裒然其中積，睟然其外發。一塵不染，而查滓渾化；百鍊益剛，而中立不倚。

言行圓隆，名實純粹。是皆貞德之符，自然而然者也。

至若憂愛一念，炳然如丹，自有滿腔熱血，恒願爲國一死，往往至於飮泣流涕。然而不枉素守則有御者之羞，不拔其確則有壁立之限，俾鋪舒皇王之志不少槩見。後有知先生之心者，亦應歔欷煩酲於其行藏之故矣。

先生雅不以世道自任，而爲世道之重，如崇山鉅海無運動之跡，而有功化之及，可以育陽德而延道脉，詎料天之好惡與人相反，竟一老之不憖乎？景星沈而人不被光華，日觀頹而世靡所瞻仰。先生之適來適去，關時運之盛衰者乃爾，是豈但一身之存亡哉？

不佞愚劣，無所比數，而夙承型範，誼均骨肉，受知之篤，仰德之崇，未易一二言也。神志交孚，影響相須，江閣靜晝、岳麓清宵，服緖言而承謦欬。內而身心性情之蘊、外而人倫百行之著、大而太極陰陽之變化、小而昆蟲草木之榮悴，以至古今治亂、賢邪淑慝、王伯儒釋之辨，上下揚扢，靡極不至，韶音令辭洋洋盈耳。退而追繹，渙然不逆，靡敢强爲然諾，以自苟同也。

亦嘗叨隨巾舃，追逐雲月於水樓山墅淨界丈室。放棹乎龜、島、玉笥，理屐乎鵠嶺、朴淵，呑聲淸泠之浦，灑淚善竹之橋，參道岳而薦兩賢之靈，挹淸節而吊五歲之祠。極仁智動靜之樂，盡泓崢樽俎之趣，靡往而不觀德。風韻之所動盪、聲氣之所感應，自底悅服，要之死日然後乃忘也。

先生常悶陋居之不離塵闤，許我分華，要我卜隣，相期以林下十年，區區晩計念釋在玆，而存歿遽如許矣。岈幪撤而失其壽矣，塗轍窮而失其歸矣，縱令異日獲遂矢願，其將誰與適從乎？精魄隕喪，孤影如泡，廢斤輟絃，靡所因極，將何以爲未死之餘日乎？

一掩冥冥，萬事悠悠。矯首江橋，衡茅隱約，落日荒江，未忍更濟，雪雲魚鳥，觸機堪悲，卽事卽懷自應貫徹於幽明也。然徒悲而不思所以奮迅踐述，則是負先生也。伏願尊靈默賜警醒於寤寐感通之中，俾卒承其嘉惠焉。是猶屬吾私耳，聖門千古，尙有未究之事、不決之案，以待後之朱子者，其將無有乎爾乎？爲斯文慟，聲淚俱竭，英靈有赫，亦應憫惻而太息也。嗚呼哀哉！

祭高麗忠臣掌令徐先生【甄】墓文【戊戌】

猗歟先生，麗朝忠臣。
盡言不諱，請誅傳、閭。
玄黃之戰，屛公荒垠。
爭天不支，公欲殉身。
恥事二姓，苦心肫肫。
遯世長往，樊塘之濱。
坐不北向，漢陽城闉。
沒齒靖獻，身道俱伸。
千載神都，杳茫前塵。
統三爲一，功業已湮。

言志之什，想見其人。
義薄日月，精貫蒼旻。
與鄭文忠，生死雖分。
扶樹天經，同其爲仁。
聖朝日嘉，不忘其君。
是亦無愧，夷、齊之倫。
既封既祭，表崇厥墳。
亦粵陶菴，揭阡以文。
發潛闡幽，永播淸芬。
風聲竦動，如夜回晨。
洌水瀰泓，冠岳嶙峋。
惟公大名，與之永存。
彝衷攸激，疇敢不尊？
緊我誦義，沒身不諼。
平生心香，薦以泂樽。
一抔荒原，萬古明神。
神交冥漠，鑑此願言。

祭李汝弘文【己亥】

嗚呼！
昔我與子，世宇洛橋。
分水北南，對望衡茅。

樂與晨夕，仍結石交。
我纔勝冠，子嶄頭角。
詞垣文會，左提右拍。
愛子美質，進以古學。
學務爲己，與子偕作。
我實悾悾，無能爲役。
猶願爲子，攻玉之石。
五十年間，慕悅徵逐。
鼓枻澄湖，振策靈岳。
名樓臥雲，穹巖聽瀑。
觴詠跌宕，勝事占圓。
携手尋眞，華陽洞天。
共讀《陽秋》，興感《風泉》。
玆遊奇絶，不朽遐傳。
我窮塗轍，漂泊江濱。
招携水榭，孰主孰賓？
皓首青眼，披豁任眞。
朗月淸風，子爲許詢。
煙波釣徒，我亦志和。
斜風細雨，靑箬綠簑。
與子爲侶，以遊以歌。
年頭信宿，臨別留詩。
桃花魚肥，更證幽期。
期未及屆，子忽世辭。

推枕長嗥，將信將疑。
人誰不悼？我最齎洟。
如禽剪羽，若木剗枝。
形影孑孑，存亦幾時？
風流星散，一別如遺。
沙鷗汀柳，共此悽悲。
我老不死，多閱世紛。
擧俗滔滔，羊質虎文。
疇若吾子，古貌古心？
於古亦罕，寧見斯今？
滿腔忠信，有終時忱。
二中四下，而德愔愔。
蘊璞良玉，留礦精金。
身世兩忘，葆我沖襟。
布衣皓潔，不換朝簪。
耋齡乘化，詎云嶇嶔？
孰謂命窮？天理難諶。
浩然全歸，子應歆歆。
冥契旣逝，我欲斷琴。
高山流水，永絶賞音。
踽涼一世，寥廓八垠。
何處得來，如子貞醇？
如子和厚，何處更親？
將返眞宅，不淹靈辰。

豈無白馬？病莫臨窀。
我來哭子，秪見靈輴。
無從更聞，謦欬諄諄。
亭臺依舊，圖書凝塵。
觸目遺躅，愴極傷神。
擬述子德，永圖不泯。
是後死責，不負故人。
英爽感應，鑑我肫肫。

祭鰲村宋公文【庚子】

天眷左海，炳靈名門。
篤生大老，間氣鍾元。
人極賴立，天經不淪。
道莫與京，功莫與倫。
承祚以德，是有肖孫。
無遠沿溯，若襲以薰。
何間手授？心法裕昆。
亦惟過翁，丈尺是遵。
去就行藏，義同屈伸。
德浹于躬，振華揭芬。
黝黝九皐，令聞徹旻。
弓旌四朝，爲師爲賓。

曷以處之？ 八耋其尊。
曷以召之？ 十行其綸。
確乎介石，永矢弗諼。
豈欲果忘？ 致澤君民。
出處熟量，淵潛自珍。
其志可則，是爲守身。
所以畢生，不問漢津。
將此身心，用答君恩。
人之好懿，孰不慕欣？
聞風覿德，鄙寬薄敦。
四方觀生，仰若星雲。
若果於剝，若燭於昏。
樂天乘化，準八其年。
清明一氣，復初浩然。
曷不百曆，卒幸斯文？
斯文天喪，衆涕泫泫。
邪術横挐，正路荒榛。
疇任距闢？ 奄閟九原。
維昔癸亥，拜公荃村。
我心先醉，目擊道存。
洋洋名理，滾滾逢原。
藹然祥和，若噓陽春。
氷心玉壺，瑩澈無塵。
何以致之？ 爲己求仁。

仁之爲本，萬善是循。
公惟自虛，款我以眞。
不以蒙陋，屬意肫肫。
有叩斯應，傾倒倉囷。
惟德之愛，貫徹肺肝。
死生契闊，四十年間。
豈無竿牘？莫瀉心蘊。
誰縻我足？常勞夢魂。
千里命駕，多慙古人。
含情莫遂，素車其奔。
倀倀末路，疇與爲隣？
滿腔壹鬱，沒齒噎吞。
追惟貞德，測蠡以陳。
庶幾無媿，生順死安。
原始要終，身全名完。
踐述眞傳，有光淵源。
公復何憾？後死哀呻。
云誰之準，警世汶汶？
非直爲恫，是庸憂殷。
隙駟不停，撤靈及辰。
莫致芻綿，遙薦蒿焄。
孤負冥契，悲恨幷臻。
何遠不徹？有赫明神。
神之臨之，鑑我忞忞。

祭沈稚彦文【辛丑】

嗚呼!

成才之難，聖人云然。

矧玆左海，境局氣偏。

疇能大心，憂樂後先?

我始見子，志在希文。

赤子失哺，若痛切身。

掌中劈畫，腔裏經綸。

蔚有範圍，慘澹鋪陳。

明堂在邇，莫薦璘珣。

隨時事功，無地可伸。

晩暮薄試，巖邑如丸。

攲器墜地，安坐收完。

蒲敏桴捷，孚感如神。

割鷄一臠，全鼎自珍。

做勝於說，行符其言。

惜不大施，用壽斯民。

斯民無福，有憾蒼旻。

井渫不食，誰惻洌寒?

蘊才需世，在子一端。

澹泊寧靜，自其天分。

孝友爲政，必達非聞。

本立道生，自無緇磷。

遵晦長往，永矢隱淪。
惠連降志，非直爲貧。
緊我誦義，餘數十春。
神交冥漠，若在古人。
子特我就，洌水之濱。
傾蓋爲樂，以相知新。
子惟自虛，款我以眞。
水樓靜晝，山墅良辰。
亦汎淸流，風月無邊。
皓髮靑眼，膝促襟聯。
名論迭出，豪氣翩翩。
知幾之明，蓍龜不愆。
秉義之確，金石其堅。
有素蓄積，身爲國捐。
炯炯丹衷，上薄重玄。
怡渙我心，如病斯痊。
鳳不雞啄，松不蘿纏。
乃如之人，始可拍肩。
夙聞斯義，于古三淵。
惟子貞躅，了我周旋。
銅石其應，磁針其連。
意氣相傾，靡蘊不宣。
仙舄西飛，再叩衡門。
握手舒懣，談笑孔云。

謂春夏交，重開斯筵。
又勞赫蹄，忞忞其傳。
曾未幾何，訃車遽遄。
搏胸失聲，寢門涕漣。
樂天乘化，身名俱全。
寶樹交秀，可托靑氈。
長胤詩禮，裕後光前。
筮宅允臧，先兆交埏。
子復奚憾？理事皆圓。
惟我後死，彳亍殘年。
賞音永空，亡琴絶絃。
豈我之窮，保此友賢？
疏襟廣韻，再覿無因。
一酹千古，病莫以親。
貯淚數升，泄此悲辛。
神理感通，聽我肫肫。

祭朴景龍文【辛丑】

嗚呼！
我生支離，哭子三世。
吾師大德，壽愆稀歲。
尊公短造，止大衍數。

子胡無年，又損其五？
不能無憾，天道報施。
哀哀萱闈，垂白服衰。
煢煢孀孤，因極其誰？
人理慘怛，聞者短氣。
矧玆我心，知割如沸。
緊我撫子，自子未晬。
愛其娟秀，蘭芽瑜珥。
子之淸揚，洞徹表裏。
曰有攸本，丹穴其自。
沖齡稱家，家道克遂。
敦孝崇禮，門戶不墜。
乃所願言，繼述志事。
恒懷兢惕，用供祿仕。
爲政四邑，游刃恢恢。
梅閣蒲化，陽春載回。
不屑其去，再賦《歸來》。
不以艱食，變其素守。
守約修拙，罕出庭牖。
庶幾趾美，先訓是副。
觀居此世，閱人旣久。
不失眞性，如子尠覯。
有孚攣如，靡間親誼。
歲寒心期，垂死肫摯。

將以待子，了我後事。
非直以子，先人之思。
客歲良覿，證約丁寧。
忽焉幻化，竟墜杳冥。
山皺水咽，禽鳥叫聲。
我伏窮林，形跡如縻。
哭不攀和，奠不擧巵。
感念契闊，無復前期。
先稿在篋，手書盈丌。
陳跡觸目，老淚浪浪。
擬述行治，用誌斧堂。
惟後死責，載闡幽光。
有翩旌翣，往卽先藏。
克孝恔心，常若侍傍。
肖胤克家，子其奚傷？
獨我滯世，叵耐踽涼。
一別千古，視天茫茫。
緘辭送子，薦哀一觴。

祭亡女閔氏婦文【壬寅】

嗚呼痛哉！汝何爲而死也？汝何爲而死也？汝非父母之一塊肉乎？何忍棄父母而死乎？將俾父母何以爲生而死乎？

吾五擧男女，不育，迨汝之生，用成坤六之數，且多奇徵異兆。及夫歸名家配吉士，協尊卑，睦妯娌，又蚤娩子男，行將娶婦，吉祥善事靡一不備。若是者，生人之至樂，閨閤之大願，何爲其死也？

以汝之仁善和厚德器凝重，宜可以克享福祿，用受天祐，若將執左契而觀掌紋。今乃大謬不然，忽焉而至此者，果何爲哉？果何爲哉？抑亦蒼蒼者無信，漠漠者無神歟？汝夫家積德累仁，子孫充衍，人皆稱汝尊舅以當世之郭令公，則宜無致此夭札之患耳。直由予賦命奇薄，不足以保一女息，而釁咎積躬，獲戾天地，以移禍於汝耳。

自念平生，縱欠修善澤利及人，亦無忮克戕害人物，可以受陰謫於神明者，而但以冒竊儒名，厚誣上下，暴致非分之榮寵，是爲不祥之大者。而屬裏之毛血，猶有汝一身，故挻災於汝以至此耳。苟可以降罰，則何不勦絶我殘喘而必加於無罪之汝身者，是曷故焉？不如此，將無以懲其惡也耶？

汝始生而善病，及長而漸完。多蓐少擧，而猶不至勞瘵，數年來匙箸頓減，腹積頻肆，秪知爲虛脆攸祟，榮衛受損而已，何曾念及於今日哉？臘月之望，汝産女纔七日而汝子告病，病勢似天行沴氣。故爲汝深長之慮，亟送汝兄，勸汝出避，則汝書謂“無母子相離之理”，又勸其與病兒分處房室，則汝又不聽。汝子之病，累阽危關，而汝不知有汝身，焦心悴形，忘寢廢食，子未及回安而汝仍病矣。雖使彊壯者處之，猶患不免，況纍然虛殼乎？

自聞汝病，危厲熏心，靡極不至，而猶意汝之不死者，以其形貌性度之終必致遠也。汝竟棄我而死，死其可忍乎？若知其必死，則吾當不拘形跡，不計忌諱而往爲終天之別，詎料遽至於斯極哉？疾痛呼父，人之常情，而病不能往救，死不能往訣，人理絶矣。汝臨命以更不見父母而死爲至痛，是乃父子難瞑之恨，而號絶穹壤，直欲無生者也。

吾自哭汝，始則然疑在心，森森宛宛，終焉求覓不得，忽忽茫茫，如夢如醉，如狂如癡，縱欲達觀理遣而何可得哉？余本朝暮人，重之以飮泣爲日，肝腸寸裂，幾何不從汝而死也？苟然則悲不幾時，不悲者無窮期，而死而有知無知，亦不可知，昔人設言，亦爲自寬之辭耳。大化冥冥，九原幽幽，何能續父子之緣如人間世乎？凡人生生死禍福、夭壽窮達，靡不有定於賦命之初，縱亦有栽培傾覆之理，而終莫容愛惡與奪之私。天地之於人，父母之於子，其心則一也，吾於汝何哉？

嗚呼！汝之女兒，已率致汝母所，俾子婦育養，男子則吾方携抱而出，出入撫摩，如見汝之面目，用此爲未死之餘日已矣。兩兒幸其成立，則汝死而不死，汝莫係念於兩塊遺肉也。

吾始欲他不暇顧，奔赴喪次，而被兒子泣挽，不克自遂，今乃力疾哭臨，則一片玄木戢于虛堂矣。呼之而不應，叩之而無聞，惟有窮天徹地之痛，倒河傾湫之淚而已。每汝有行，殆不忍於須臾，臨門送汝，凝望移時，不見行塵而後已，今焉大契闊矣。至情無言，至哀無文，固未忍泚筆，而亦未忍沒一語以通幽明之故。然神隕精亡，不能爲辭，其將忍而終古乎? 危喘臨簀, 雖不能隨汝柩而行, 行將臨穴, 用當面訣, 汝毋顧戀而安意就塗也。嗚呼哀哉!

祭吳瑞五文【乙巳】

嗚呼哀哉!
赫赫炳靈, 陽谷之門。
高文盛德, 繼世月、醇。
寧齋道學, 爰及文元。
克顯克承, 宗祏斯文。
惟子克肖, 詩禮是聞。
靈芝醴泉, 自有根源。
躬蹈遺訓, 家傳深衣。
夙夜無忝, 子其庶幾。
式鍾英氣, 器宇魁碩。
治以斐文, 本之淵識。
宏中偉外, 暨暨嶷嶷。
不拘細檢, 自準繩尺。
尙友賢傑, 包括往昔。
混混百家, 煌煌六籍。
含英咀華, 笥之于腹。
尙詉其言, 言無可擇。
咳唾瓊琚, 衆甫瞿若。

惟古之珍，今世攸薄。
如彼七襄，而不黼黻。
又如天球，而藏韞櫝。
玄酒大羹，味在無味。
中蘊金秤，辨晳涇、渭。
不形青白，眼空群彙。
百川奔趍，我裳不濡。
萬馬騰踔，我脚不踰。
安時處順，不渝不激。
遵晦養眞，默成尊德。
四邑絃歌，粗迹循良。
何積之厚，何試之涼？
材大難用，疇貢明堂？
玉瓚黃流，罔薦蒸、嘗。
賴有賢嗣，將以贏遺。
旣以貽之，又何奪之？
縱然達觀，其腸無寸。
曾未幾何，幷隨而殞。
哀哀兩世，永斷血胤。
生人殄毒，古有是麽？
謂天與善，胡今之差？
非直哀死，嗟哉吾生。
金斷簪盍，淡而交成。
歲寒心期，死生金石。

聲氣攸感，無思不服。
晩暮相須，有逾懿戚。
願將殘喘，賴子警策。
常恐先溘，貽子之慽。
萬事難料，有是錯愕？
朱痛割臂，鍾悼輟絃。
知己之淚，今古同然。
孤影如泡，賞音永絕。
何以了我，未死餘日？
病癃迹拘，尙阻一哭。
寢門餘涕，尙流枕席。
層氷飛雪，川原倭遲。
子行何之？ 子返何時？
流水不停，落葉永離。
詎矣無知，哀此人斯。
茫茫宇宙，再覿無期。
憑棺一痛，莫遂臨窀。
辭短悲長，不滯惟神。
薄奠大訣，情未盡伸。
沙鳥江魚，如助哀呻。
英靈颯爽，降監吾眞。
嗚呼哀哉！

祭吳稚輔文【乙巳】

嗟嗟稚輔! 子眞死耶?
一門四哭, 我淚孔多。
擧衽餘慟, 苦難搓挪。
將子無死, 子死謂何?
有生必死, 人所不免。
得正乘化, 可以理遣。
緊子一身, 擔夯巇嶙。
如繩支廈, 賴以不隕。
一曙騈摧, 疇撐脊檼?
如子之死, 嗚呼可忍?
不聞某病, 而以訃來。
憯焉深疚, 若刺在骸。
嶺嶠迢遞, 親懿不偕。
孝子星奔, 行旅揮嘑。
天道報施, 一何其乖?
念子先範, 忠孝華門。
乃顯乃承, 允矣文元。
盛德之嗣, 在季及昆。
齊休匹美, 世稱雙璧。
氣數之否, 伯兮不淑。
墳土未乾, 又及其叔。
喪威荐集, 風驟雨暴。

誰秉化欛，而底斯極？
靡靡末路，余幸友子。
自壯及老，諳厥終始。
祥和之吉，惟天所畀。
恬約之守，克契先軌。
氷凊玉溫，媄哉素履。
孝悌爲本，天植純篤。
三年居瘠，化郁爲白。
燕及六親，咸歸姻睦。
爲政一家，有孚顒若。
城府洞豁，中藏寒石。
那庸爾楦，而爲瑞角？
有若至性，濟以慧識。
車精竹素，瀝盡衆液。
不嫌自苦，獨爾通洽。
洪河浩漫，沛乎博涉。
旁及百家，出入蒐獵。
發爲文辭，有敷春曄。
抗志高步，屈壘賈墻。
妙齡詞林，望菀珪璋。
擬嗣秉文，粉黻有光。
厄于公車，時命不臧。
云誰之用，不薦明堂？
矢無緇磷，不遇何傷？

薄試南郡，仁聞洋洋。
良庖善解，手無停刃。
惠洽黎獻，久而益信。
宜爾興思，謳吟艾齔。
專而不咸，古今同懣。
囊屈凫舄，止宿衡廬。
鷄號燈灺，雙襟俱虛。
曰我兩世，未列幽墟。
煩子策老，毋我虛徐。
我豈敢承？ 不朽之托。
申之以書，其辭懇惻。
如我不死，詎忽自力？
縱令泚筆，疇與商確？
我病阽危，莫臨玄窀。
迎精而哭，于湖之側。
若將笑語，用展良覿。
沙鳥嗷嗷，同我悲愕。
文藻留馨，江山古宅。
神理孔炯，眷懷遺躅。
風流雲散，萬象寥廓。
力疾矢辭，惟以告臆。
百年之淚，罄此一酌。
幽明之故，冀靈歆格。

祭襟溪李公文【丁未】

嗚呼吾兄！學貫三才之妙，而處之如愚；識通千古之秘，而守之若訥；胸藏筐鏞鴻化之才，而不少槩見；詞有黼黻皇猷之華，而不以自多。孝悌可以通神明，誠信可以透金石，名義風節亦可以爲今昔之標準，是爲兄之拔類出萃，不恒有於世者也。宜其高躅雲衢，鋪舒事功，用遂堯舜君民之志，而乃放於窮山之涯、野水之濱，居木石而群麋鹿，沈屈幽厄，以終其身。上天生賢之意，若斯其茫然乎？

兄纘八葉文獻之緖，負一代山斗之望，隱顯係時運之輕重，出處關世教之汙隆，而停身不惑之年，玩心昭曠之原。卽其天資英睿，自然近道，而涵養鑽研之功，又從以磨礱浸灌，初非有須於矯革遷改也。以故其存諸中者公正而坦蕩，著乎外者和樂而簡易。歷選往哲，妄擬其軒輊，則其治心之嚴、造理之密、任道之確，固有爲之後先而相濟，至若不言而孚，不怒而威，純誠惇德消鄙吝於覿面，韶音令辭化狡僞於望風，則如吾兄者尠矣。

雖閱風輪萬轉、桑刦百遷，而太和之氣，盎溢於泰宇，貞德之符，孚達於素履，道義彌彰而聞望彌隆，如衆華離披，而寒松特挺；萬屋俱燼，而靈光獨存。在今日，爲地底之微陽；在他日，爲不食之碩果。胡不憖遺一老，奪之此速，俾斯文靡所托而世道靡所賴？直欲天問大招，而何可得哉？

嗚呼！兄是鸞鳳，我則麏麚；兄是喬木世家，我則衡茅賤士；兄是高明昭朗，我則愚陋褊淺。其所殊絶不翅星淵，而弱冠結交，至于耄及，有百年金蘭之契，無一言鍾律之乖。心心相照，事事取大，易牙之調羹、師曠之協律，未足喩其洽也。

從古論友道者，必擧管·鮑、牙·期，管、鮑循跡而量情，牙、期藉音而論心，似若非其至者也。若我之於兄，則未言而志喩，先事而慮諧，子雲、堯夫，不必俟於曠世，而平生知己，取諸觀感而足矣。是故雖百里相望，參商落落，而我影而兄形，我響而兄聲，有非山川歲月之所能間者。今焉形旣滅矣，影何附焉？聲旣絶矣，響何應焉？兄眞死乎？我眞生乎？樂天知命，死非可惡乎？廢斤輟絃，生豈所欲乎？

兄稟全純陽，表裏强矯，故我云："兄必享孝貞大爺邵齡，多我十年，了我身後事矣。"詎料今玆乃至斯極哉？昨夏賤疾危訹，不諜晷刻，兄冒暑雨，屈巾舃，如華陽之臨訣春翁，至援高山、淸氷兩句語，互相推讓。臨別握手，歷敍我始終而曰："昔人所云'俯仰無媿'，子眞是也。"是不敢當，而亦何敢忘耶？我病倖而無死，已證幽期于水樓山墅，所準擬者存焉。豈謂竟莫遂願而遽罹此畢生之恨哉？

記昔卜夜，夜闌談劇，我云："異日吾輩捐世，吾願其先諸，此際悲哀，誰復能任者？"兄云："死生自有先後，將若之何？"各愀然罷，而兄終先逝矣，嗚呼！夫孰意任悲哀者之獨在我耶？

末俗險塗，塗轍已窮，而相遭於寡知之地，默契於衆睽之中者，是固千歲而可朝暮焉，況半百曆而如一日者乎？

一曙而失之，將何以延未死之殘喘乎？紫陽老子哭南軒而曰：“天割右臂。”我則無全體耳。若是者亦焉用見在乎？

天人性命之原，不復聆其名理矣；理亂興亡之蹟，不復聞其英論矣；盈虛消長、進退行藏之幾，不復叩其卓識矣。以至三極萬象、九流百家、千奇萬怪，　凡一理之所包涵，靡事不講，講必竭端，與夫山水賞心之趣、風流樂意之事，亦不可以復得，其何以忍而終古乎？

嗚呼！我有十年之病，而俟符不到；兄無一朝之患，而脫屣斯忙。化欛神權，孰主張是而死生之不可測如此？抑兄厭世路之薄阨，苦四大之拘纏，儵然乘化，旁日月而駕風霆，與崇昔群哲翺遊於太淸而棄我如遺乎？無亦見我之贅疣人世，拊掌顧笑之不暇乎？顧我年病俱極，泡沫風燈若將消盡，幾何不從兄於汗漫之上而出入於無窮之門乎？是誠悲不幾時，而猶莫自寬，忽忽茫茫，不知所裁，可能無冥訶於達觀之盛度耶？

兄曾有述壙誌而示我，我謂：“兄所自道，謙挹乃爾，而吾死後世無復知吾兄者，當爲兄述生誌，俾百世之下知有李大隱先生。”兄笑曰：“我非要知于後人者也。”我固心許而未及就，奄然人事之變如許，此爲沒齒之遺憾。嗚呼！可勝道哉？行將收召神魄，用述馬、范故義，以塞後死之責，而筆與心腐，亦何能發潛闡幽，圖不朽於永遠乎？

嗚呼！士爲知己者死，死亦不可辭，則至於幽明契闊之際，其爲慟何如哉？以莊叟之曠達，而其喪惠子，猶有亡質之悲，矧我之不能爲莊叟者乎？縱願以太上忘情爲究竟法，而心膽破碎，風味隕墜。冥契旣逝，發言莫賞，終有所大耐不聊，要之死而後乃已也。昔陸劍南誄朱夫子曰："有捐百身，起九原之心；有傾長河，注東海之淚。"我於兄，亦云爾。嗚呼哀哉！

祭老洲吳公遷葬文【丁未】

嗚呼！
先生觀化，十有五年。
中間禍故，桑海貿遷。
盛德之嗣，綿綿延延。
報施之舛，致詰老天。
人言幽宅，災害攸挻。
山崩鍾應，其理或然。
墓隧將改，卜旣得吉。
爰啓旌翣，爰歸新室。
宛若絳帳，有儼秉拂。
髦士攀紼，衆涕如雪。
猗歟先生，天挺異質。
神明內腴，遵晦其身。
孝友爲政，一家興仁。
仁體至大，洞諦其眞。
措諸日用，與物同春。

淵源家學，若襲以薰。
深造獨詣，振華揚芬。
名理超卓，疇與倫擬？
栗老淸通，農翁精密。
先生專美，該此兩絶。
衆言淆亂，亦旣會一。
遺文浩浩，孰涉其筏？
微言茫茫，孰尋其訣？
非曰知德，竊有感發。
侔高狀明，緊我有述。
矢無遺爽，獻我苦血。
垂死窄逕，窘步顚蹶。
塗轍已窮，棲遲舊隣。
衡宇相望，風光猶新。
玉色金聲，如將可親。
分華宿約，雅誨諄諄。
物是人非，遼鶴哀呻。
喪病相仍，宿志已湮。
尙繹恩敎，悚惕心神。
晩節末路，崎嶇荊榛。
嗟嗟子岡，又作古人。
孤影如泡，賞音永殄。
將此殘生，誰極誰因？
士趍泯泯，如水日下。

蜿蜿百怪，如塵蝹蝶。
斯文一脉，到得墜墮。
尊靈有臨，將無憂恤?
庶勞英爽，默賜冥隲。
俾紬遺緖，以淑斯世。
如果於剝，若昏之曙。
用壽眞傳，吾道永賴。
日月有期，窀穸奄届。
誼當匍匐，載瞻光霽。
病莫爲力，情禮俱喪。
平生知遇，終不可忘。
頑土何知? 從古蒼茫。
目斷佳城，有淚浪浪。
奠依漬綿，辭瀝于觴。
嗚呼先生! 降格心香。

再祭襟溪李公文【己酉】

嗚呼!
自我哭公，于今三年。
三年不淹，若隙駟然。
思而不見，苦其遲延。
存而欲留，覺其悤遄。

日月居諸，詎有進退。
生者爲心，哀恨靡逮。
念公素日，苦厭濁世。
未或惜生，拘纏四大。
縱軀委命，大化爲配。
上陟赫曦，照臨下界。
景星卿雲，爭覩爲快。
俯視塵寰，何有芥滯？
拊掌笑我，不能忘情。
我欠達觀，叵耐伶仃。
舉袵餘悲，淚盡呑聲。
何處更覯？如公昭明。
昭明有融，高朗令終。
詩人攸贊，道得我衷。
末路爲學，循名忘實。
惟公忠信，本之異質。
下士爲德，以聞非達。
惟公隱約，蘊而不泄。
眞積力久，外苦內悅。
左矩右繩，儼若對越。
紫陽名理，廣大微密。
惟公專門，克孳克矻。
受用平生，若取腹笥。
周、邵玩心，不自標置。

尙友興慕，意蓋竊比。
日新上達，名實純粹。
鳳翔千仞，龍潛九淵。
歷選幷世，疇能或先？
不少憖遺，有憾老天。
適來適去，斂却無跡。
胤子純孝，隧銘是屬。
汗顔承之，敢云知德？
知德者希，孰諦正矱？
火炎崑岡，不燼惟玉。
大冬烈風，孤高老柏。
公自不朽，我實筆禿。
馬、范古義，塞後死責。
人琴俱亡，誰與因極？
無爲爲善，繄我安適？
贅疣於世，疢疢滋毒。
苦海飄筏，靡所止泊。
理義無窮，事變莫測。
群疑衆難，伊鬱襞積。
願速乘化，盍簪猶昔。
滌盡磈磊，披豁心腹。
癃喘危惙，泡沫風燭。
哭止寢門，竟違匍匐。
欲起還仆，奈莫自力。

有愧前脩，生芻一束。
罔展一慟，遺恨不泐。
玉色金聲，寤寐心目。
九重泉路，無從更覿。
永撤象生，限以斯夕。
一別萬古，視天漠漠。
公逝我哀，我死誰哭？
爲知己慟，用愬寸臆。
神理孔炯，爲我心惻。

祭沈君憲文【己酉】

嗟嗟君憲！子死何之？
自我不見，物換星移。
非曰不久，尙置然疑。
如候夢覺，若待行歸。
大化冥漠，影響依依。
吾今與子，大判幽明。
人有定命，已自初生。
一死後先，疇免斯程？
苟假年壽，共享百齡。
夜晝一理，何所怨尤？
芳蘭正苞，嘉穟方油。

風霜摧折，曾所不憂。

粤稽聖訓，仁者必壽。

如子溫良，宜蒙神佑。

人亦有言，虛者易殀。

如子端凝，胡嗇遠到？

罔究志業，用光吾道。

事謬理舛，視天窅窅。

念子妙齡，才氣俊逸。

雄詞麗藻，雲興霞蔚。

交遊伏世，非直聲律。

高揖遂初，斂華就實。

惟考亭書，海涵地負。

子肆其力，洞剝膚腠。

不得其門，曷覿庶富？

通貫誦數，以心非口。

間治三禮，嗜若膾炙。

寤寐鑽研，繼晝以夜。

遵述朱、黃，旁通鄭、賈。

三千三百，疑變繁委。

衆難棼如，折衷不易。

子能專門，刳心名理。

條緒井井，自中天㥯。

有叩斯應，沛有餘地。

洪河浩漫，散步博涉。

百家九流，出入蒐獵。
發爲詞章，敷榮春曄。
將以反約，立誠居業。
至德凝道，晦身自攝。
亦擬潛遯，永矢不告。
有志未就，遽至不淑。
誰秉化欛，致此戲劇？
憶子款扉，玄江之曲。
鼓篋叩鍾，寄意眞篤。
賞文析義，樂與晨夕。
步趨雍容，準以繩尺。
中扃洞豁，不設閫域。
聲氣相感，斂衽以服。
以引以翼，用資警策。
推一日長，子顧師我。
讓抗慙丁，靡敢當座。
天人性命，皇王帝霸。
治亂興替，行藏用舍。
兩竭其端，若唱有喏。
樽俎靜嘉，名論上下。
以間觴詠，盡情陶寫。
飛鳶潛魚，朗月淸風。
助我眞樂，潑潑融融。
京洛雲山，雖貽離隔。

不期爲期，月再踐約。
水榭淸晝，中關講席。
六籍精蘊，萬化機軸。
從子妙諦，會其歸極。
恐先朝露，此樂不續。
癃喘危惙，待盡風燭。
將此後事，惟子是托。
胡不少留，脫屣斯迫？
縱我不顧，忍辭慈闈？
鶴髮號天，無淚可揮。
孤胤皇皇，晝日無暉。
坡峀嵯峨，臨江蕩潏。
曉天風雨，丹旌飄拂。
想像情界，寸腔欲折。
何鬼忍此？奈運之閼？
子今永休，可哀吾生。
自喪襟溪，如影失形。
子又云亡，割我右臂。
茫茫宇宙，賞音永墜。
孔恫喪予，鍾悲絶絃。
知己之哭，致詰老天。
何處得來？如子昭朗。
昭朗令德，沒世可忘？
日月不淹，載戒靈輀。

泉路冥冥，無復來期。
緊我瀕死，其跡如縻。
神氣感通，庶諒我悲。
喪不撫柩，葬違相紼。
緘辭替酹，老淚如渴。
嗟嗟君憲！萬古長訣。
痛恨弸中，言不能畢。

梅山集

卷三十二

哀辭
神道碑

哀辭

華泉李公哀辭【幷序】

昔箕子叙五福之目，而攸好德居其一焉。孔子亦曰："大德，必得其位，必得其祿，必得其名，必得其壽。"參觀兩聖人之訓，則好德之列於五福宜也。且位、祿、名、壽，咸曰"必得"，有若執左契而責報於天者，然則聖人嚮用之要，又專在於是德矣。雖氣化推盪，莫測天人之際，然信能有好德之實者，則所以栽培成遂之理，未始不較然彰著也，聖人豈欺余哉？　今夫眞能好德而天予之純嘏安富尊榮壽耇令終，居其一而有其四，余於華泉丈人李公見之矣。

直弼屢拜公於寒泉，左右圖書秩然，而玄冠縞衣，淸燕于其中，德容之盛，可敬而可悅。曁卜宅蘭皐，幸與直弼隣近相就，獲展晨夕叨陪之願而覿德益親切矣。夫陶菴先生倡明正學，扶植彝綱，永有辭於斯文世教，而公克紹厥緖，擩染傳習，一以文正爲典則。每道及文正時事，纚纚竟夕，使人怳若親受眞詮於泉食菴中，而公之所養，亦可知也。

公長身玉立，風儀脩整，雙眸炯炯，精彩睟發，而天性樂愷和易，城府洞闢，表襮無間。身不服崖異之行，口不道乖激之論，亦未嘗爲標望自高也。少以功名自許，未中年而停身,讀書于泉上，朝野咸想望其風。歷典州郡，每集邑子弟講學，暇日行鄕飮酒禮，彬彬有文翁之化焉。蓋公晦跡蔭塗，罔克展布，而所過有成績可紀，卽其胸中經濟，蔚有範圍，而專而不能咸，惜哉!

直弼嘗請曰:“未可以守東岡之志乎?”公曰:“昔吾子姪俱沖藐，無可以托門戶者，且吾祖之緖言，將日阽湮沒，余爲是之懼，不得已也。”公一出而先生揭虔有所，遺編壽梓，其爲吾道之幸，詎有旣乎? 然則公之自任堂構，黽俛祿仕，豈無所以而然哉?

公老猶好學，每夜誦四子書，爲文章根據理義，不屑塗澤爲所役，常若置身於翰墨之外也。

寒泉卽先生舊隱，公賦歸，輒遂初服，悠然若將終身。及晩年兩胤幷貴，縶官于朝，公就養京第，而非其志也。乃於庚辰十月十三日，考終于蘭皐之正寢，享年七十有六。

有四子四女，內外孫曾摠數十人，福祿之完，幷世鮮倫。人皆謂當今之郭汾陽，直弼曰:“否。汾陽不若也。汾陽富貴顯榮壽考以終，固人事之極致也。然困于左腹，畢生於憂畏之中，孰若公之頤神養性，優游自適，超然於當世之責者乎? 公風流篤厚，樂道人之善，而恥言人過，以故無所於怨惡。且生老昇平，安履其素，險夷不滯，胸中寵辱，若隔膜外，是豈二十四考中書令之可擬者哉?”

末路以窮通了人，或以公之不第爲窮者。然以韋布而躋貳卿，不可謂不達矣。非直達于躬，又達于子，受兩胤孝養，導輿以奉之，列鼎以饗之，雖家食，而便身之具靡不畢給也。

貴與多男，不言於五福，而公旣備五福于一身，又該之以兩者，眞"自天祐之，吉無不利"者也。詩云"豈弟君子，福履綏之"，易曰"視履考祥，其旋，元吉"，公實有焉。直弼辱受知遇，嘗呼之以少友，今於相紼之役，義不敢辭。辭曰：

飄風兮雱雪，川原渺兮何極？
玄殯啓兮雲駕飭，白日陰兮群鳥哭。
路曼曼而多艱兮，登輀車兮迍邅。
紛顓頊之當權兮，寒威嚴而折綿。
玄氷兮稜稜，丹旐兮翩翩。
屛之山兮嵯峨，屛之水兮淸漣。
祥雲凝兮瑞靄濃，列峀拱兮衆流朝。
風息滅兮氣鍾毓，天所慳兮神所韜。
幻空門之遺塔兮，筮壽藏爲眞宅。
托配體于斯邱兮，萃吉善于式穀。
若執券以責償兮，延厥祥於無疆。
旣虛右于佳城兮，終同穴而允臧。
日月良而助順兮，復厥土而克襄。
宛桐鄉之物色兮，儼再臨于鳧舃。
頌蒲鞭之遺愛兮，望廧翣而嗚唈。
魂熲熲而在斯兮，卽乎故而如新。
嶽祗賀兮林魅伏，騰百祿兮川臻。
惟存順與歿寧兮，公誦法者《西銘》。
羌昭朗而令終兮，乘玄雲而上征。

與造化而爲徒兮，極寥廓而崢嶸。
形穆穆而浸遠兮，繄余將焉所程？
渫寒泉之洌井兮，孰爲我而食之？
襲蘭皐之馨香兮，長菲菲兮不虧。
想老成之典型兮，哭非專以吾私。
阻白馬於玄廬兮，中結軫而增悲。
感夙素之知顧兮，敷深哀於短辭。

趙生洛瑞【龜熙】哀辭

余與故箕城少尹趙公孺章有累世通家之誼，孺章厄於短造，殉于任所，不克終養其老親，余爲之憯惻，過時而悲，非直爲山陽聞笛之感也。

孺章有四子，皆克肖稱家。季胤龜熙洛瑞生稟粹美，沖澹豈弟，其淸徹底無一點垢氛。人或病其過於溫柔，而中扃堅剛，內行純篤，有不可易者。常以早孤爲至慟，盡歡于王父慈母，致敬于季父諸兄，御家以寬，接人以厚，賓客奴僕罔不置心腹而服從。居恒無疾言遽色，喜怒幾不形，恂恂休休，見可敬而親可愛。

不被物累，不狃習俗，紛華聲色，一切不入于心，惟堅坐一室，尋數典籍，遊戲翰墨。於功令業不甚致力，而能解六體，留心作家軌範。且好古史國乘，往往發爲議論，磊落可聽，有零稿數卷。癖於書畫篆籒，有妙悟絶藝，而常內而不出，若無能者，故人鮮知者。若假以年壽，與聞君子之大道，充闡其志業，則古所謂三不朽者，吾知其所到矣。

嗚呼！世敎衰，喪紀先壞，其不致擊鍾之譏者幾希，而洛瑞弱齡居憂，嚴於禮防，非時見于母，不入中門，不以寒暑去苴絰苫塊，泣血以終三年，毁瘠幾不全而仍嬰奇疾，以至不淑，雖謂之死於孝亦可也。

噫！顏淵之仁而短命，盜蹠之暴戾而壽，此古人所以慷慨太息而致詰于老蒼者也。死豹之皮，固不可與狗鼠之蠢動者相易，人雖欲易之，吾不與其易也。洛瑞諸兄請余相紼，道其行治之一二，余嘗哀孺章賢而無年，又哭其肖子，大化旣弊，報施之乖理者乃爾，直欲天問大招而不可得。曷可無一言以送其歸乎？辭曰：

有美一士兮，天賦端良。
蘭蕙其質兮，氷玉其腸。
有此內美兮，佩飾孔章。
婉怡承慈兮，和氣充堂。
孝悌天植兮，善居親喪。
矢不服闇兮，用存大防。
孺泣嬰哭兮，瞿瞿皇皇。
積憂成病兮，竟底毁傷。
才氣內蘊兮，不露鋒鋩。
靜居游藝兮，翰墨之場。
苟究志業兮，何用不臧？

宜蒙神祐兮，胡椓而亡？
彩虹俄收兮，晴空茫茫。
神駒過隙兮，傳舍已忘。
謝庭隕樹兮，衛室摧樑。
舉世詬頑兮，子獨罹殃。
蹇蹇煩冤兮，時命不祥。
八耋分甘兮，碎抱中璋。
鶴髮倚門兮，萱草含霜。
哀哀晝哭兮，天日無光。
出自東門兮，將子歸藏。
飄風發發兮，丹旐飛揚。
白楊蕭蕭兮，青松在旁。
川原浩渺兮，魂往何方？
顧戀庭闈兮，靈輀徊徨。
殘星麗昊兮，孤鶴叫岡。
求子平素兮，闃寂虛廂。
群書抛篋兮，凝塵棲床。
欠一塊肉兮，用續書香。
其跡如掃兮，風燭太忙。
日月回薄兮，薪火芒芒。
吾其奈何兮？有淚浪浪。
一瞥萬古兮，孰彭孰殤？
生寄死眞兮，其勿悵悵。
嗚呼令名兮！其存也長。

持慰乃兄兮，永挹芬芳。

尹明直慈夫人哀辭【幷序】

直弼蚤嬰貞疾，息交絶遊，恒塞兌以自守，一日有過余終南山下，請行相見禮者。延之以上，則玄冠縞衣，翼如而進。揖而坐，其貌厚而恭，其色溫而和，其言徐而有中，其所願乃希顔以學孔子。問其名姓，卽尹明直光演也。明直不拘我無謝，頻造我室，或馳書難經禮疑義，識解頗周達，余嘗畏而讓焉。卽今俗學痼矣，坐城市名利場中，能守身求志，味其無味，如明直者幾希。

明直天分固美矣，徧交當世之士，師資亦富矣。然不被以身之敎、遇物之誨，亦未易至此。明直早孤失嚴訓，然而能如此，意者其母必賢母也，是善敎子者歟！己巳九月，明直喪其母大碩人，述遺事，示余以要誄，於是焉得其壼範之詳，果賢母也。

碩人事父母盡孝，移以事尊章，尤致敬。家素貧，雖菽水不給，而未嘗不竭其力，事夫子極其誠一。恒日鷄鳴而起，汎掃室堂，命家衆各執其事，織紝組紃惟勤。通經史大義，時閱古圖籍，夜深始就寢。愛子篤於恩，而亦必敎以義方，自其能食而言，常置膝，喩以格言至論，使之盈耳充腹，及長彌勤，而濟之以嚴。明直好客，客有尋明直至者，樂爲之供，有截髮之風焉，蓋欲其取益而輔德也。嗚呼斯至矣！所以生明直歟！閨門之行，含章而不見，人無得以徵焉，有子如明直，而筆之書若此，則孰謂私於其母哉？

嗚呼！先哲有言"禁童子之暴虐，則師友之誡，不如傅婢之指揮，止凡人之鬪鬩，則堯舜之道，不如寡妻之敎諭"，傅婢、寡妻猶然，況于慈母乎？又況于慈母之賢者乎？明直妙齡志學，謹飭自持，吾知其有所受也。

蓋柔性易偏於慈，故爲母者能養不能誨，而碩人以母之慈，兼父之嚴，惜哉，碩人之不及見學成而名立也！使明直知爲善之最樂，而益勉于學，則貽碩人令名也無窮矣。勖哉明直！辭曰：

有美一人兮，藥山之巓。
禔躬勉學兮，以母之賢。
柏舟之悲兮，母以兼父。
兒無嚴天兮，非母何怙？
教以義方兮，恐其忝生。
學以爲己兮，賢聖是程。
恭承內訓兮，循蹈矩矱。
衡門長掩兮，書聲盈屋。
糟糠不厭兮，烟火屢空。
以志養志兮，樂則融融。
誰將鍾鼎兮，用當斯樂？
擧天下事兮，無可與易。
子學就將兮，曰爲至榮。

所修者內兮，敦實遺名。
曷不百齡兮，見子成德？
吊者漣如兮，人爲斯惻。
幽明一理兮，勿謂不通。
被服慈教兮，不惰厥躬。
無貳爾心兮，母氏臨止。
造次顚沛兮，不忘天只。
待到學成兮，將立而揚。
不以旣沒兮，彌顯而章。
爲語欒欒兮，抑哀自强。
魂兮歸來兮，宜無永傷。

神道碑

贈戶曹參判梟湖白公神道碑銘【幷序○庚子】

純宗在宥之十有一年冬，土冠起西陲，時梟湖白公慶翰以布衣將倡義討賊，被其所獲，不屈而死之。及賊平，道臣以聞，命贈嘉善大夫、戶曹參判，旌其閭曰“忠臣之門”，且命錄孤，聞者感歎泣下。

嗚呼！國家昇平二百年，民不識兵，因潢池小警，隱若敵國，未旬日，半省失守，或降或逃，而死者惟鄭忠烈一人耳。中外大震，京師戒嚴，誠岌岌殆哉。公非有一障之責，而起委巷，秉忠節，授命於猘鋒之下而靡悔，是可以愧王臣苟活之心而折賊徒方生之氣，不淹歲而掃盪妖氛者，卽公一死之力也。所謂“罵賊之舌，强於百萬精兵”者歟！若是者死有重於泰山也。

公字子漸，其先水原人。新羅大相宇經爲初祖，至仁州府使諱繹，遷定州爲關西鉅閥。曾祖諱采後，祖諱日永，考諱善養，以儒術世家。妣海州盧氏，玄軫女，以英宗辛巳擧公。

天姿絶異，從崔處士敬林學，厲志居業，慕往哲名節，讀書至殺身成仁，輒慷慨流涕，恂恂不以賢智上人而及其見義敢爲，如湍之注壑，人莫能奪也。

至是聞賊起，痛哭曰：“亂逆出吾州，何面目立天壤之間乎？”糾率同志，擬募壯勇誅僞倅，未果而賊勢鴟張。公患人心陷溺，不辨逆順，必欲自我先倡，作一路士氣，題其旗曰“新安忠義軍”，齎送節度營，密報賊情。且請亟出奇兵，從間道直擣定墉，俾賊首尾不相救，一鼓渠帥可擒，願約束諸義士鄉導，遂分授方略，爲內襲外迎計。仍傳檄遠近，以氣義相感，人皆雅重公，無不響應。獨節度使疑之，兵故不出。

始牧使棄城走，賊徒爲僞倅，選邑子爲軍官，亦錄公名，公裂其帖。及渠魁洪景來據城，詗公不日擧義，急發兵掩圍，公知不免，整衣冠辭廟，訣諸弟曰：“吾則已矣，必勠力繼吾志。”旣被執，賊盛陳兵衛誘脅，公憤罵曰：“恨不能殲汝，食肉寢皮，何不速殺我？我死不爲汝屈。”賊知公有盛名，必欲生降，仍繫獄，日施毒刑者數旬，而終不屈，陰教守卒諭城中人，爲官軍內應，卒泄其謀，賊大恚，將殺公。公大呼曰：“吾死則死耳，當爲忠魂，必殄滅汝狗鼠輩，無遺類。”聲氣抗烈，群賊相顧失色。遂被害，卽壬申正月十六日也。

翌日諜者踰城，道其事甚悉。越三月官軍拔定城，公諸胤入求公屍不得，卽嘉山宋倉山夫人墓右子坐，葬以衣履。翌年癸酉，命築壇定州城南，祀公及立慬六義士，又樹碑以紀之，定之人立祠五鳳山下，幷享六義士，宣額曰“表節”，褒恤崇報，於是備矣。

公性於孝，服勤幹蠱，不自有其身，家貧而志養無闕，尤謹追遠，晨必謁廟，每秋熟，先庤粢盛而後計口食。與諸弟共爨，不會則不食，不以湛樂而廢切偲，以故子弟以修潔聞。晚居鳧湖，演《周禮》、《論語》爲訓，施教鄉塾，資助其貧者，無賢愚皆獲歡心。此公自修之實，達于家邦者也。

噫！公夙聞仁義道德之說，非苟知之，亦允蹈之。始焉學義，終焉死義，義之所在，判得頭顱，是可見學問功大，豈一朝襲取者哉？卽所謂"出乎內者合乎貞，行乎外者貫乎義"者耶！老洲吳公熙常狀公行曰："篤信好學，守死善道，以是而求公，可以知公之所以爲公。"君子以爲知言。

夫人白川趙氏，夢鷴女，閫範咸備。生三男：宗倫，前縣監；宗儉；宗佺，文科佐郎。宗倫子：時逑、時達、時逵、女金持懋。宗儉子，時絇。宗佺子，時連。

公弟慶楷守身好學，人稱二難。辛未之役，以本道亞使，奔赴觀察營，廟堂白"旣有其兄，宜獎其弟"，特除泰川縣監，後至漢城左尹。左尹嘗謁公隧誌，强顔以應之，又請銘牲石，一人而竝述碑誌，非所以重事體，辭彌苦，而懇彌切，有未忍終讓。遂爲之銘曰：

衆萬之生，各受天賦。
厥賦維何？人心人路。
弗由弗求，尠克其全。
所欲所惡，勿喪者賢。
有美白公，萬夫之良。
爲政于家，孝友天常。
誦法聖哲，早自得師。

日用服習，物則民彝。
晦身巇巖，樂育才英。
何以裁之？四教六行。
本之則存，標準一方。
萑苻告警，適在是鄕。
狂猋劫炎，千里流血。
灑淚草檄，志氣激烈。
誓鳩義旅，以遏猖獗。
力窮就執，猶抗其舌。
圭璧可碎，堅貞靡缺。
縛公如虎，罵賊如狗。
五毒遍體，威怵利誘。
百死不變，强矯其守。
熊魚取舍，自公平生。
天地中間，立我大經。
肅肅霜雪，晶晶日星。
中丞爲癘，卽公矢言。
鞭虬掃欃，上訴天閽。
妖腰亂領，霹靂宵砉。
永底廓淸，是公報國。
紫誥丹旌，炳烺門闌。
亦越崇祠，鳳廟𨓏壇。
寵錫所備，王猷以光。
崔崔宋山，衣冠攸藏。

孰云非禮？精爽所托。
勒銘神道，垂聲千曆。
凡厥西人，毋迷順逆。
如我不信，視此穹石。
非直昭公，用扶人極。

松厓朴公神道碑銘【幷序○癸卯】

栗谷李先生定居海山之陽，大開講授，朴公汝龍首請受業。先生以公慧悟，進之以性理諸書，公益自感奮，有疑必問，有聞必記，禔躬御家、享先接人，壹遵先生成法。先生嘗得石潭九曲，樹屋于隱屏而藏修焉，公爲密邇薰炙，卜宅于松厓，仍以自號。

癸酉中司馬兩試，先生秉銓，擧公爲厚陵參奉。先生時在花石亭，貽公書曰："爲薄宦別泉石，固知非所願，而持被往來，可得源源也。"戊寅隱屏精舍成，其擣材陶瓦，終始經營，公之力也。先生又擬剏朱子祠，未成而赴召，授公規畫，俾卒其事。其所委寄，群弟子莫敢先焉。

甲申先生歿，公心喪三年。丙戌始建祠，祀朱子及靜菴、退溪兩賢，用就先生遺志，因以先生配焉，所謂紹賢書院也。

公嘗夢，先生以《大學》之旨，筆之書以贈，公悲不自勝，手寫揭先生約束于精舍，刊行先生遺集。遂倡同門諸公，脩禊立約，每春秋集少長以講之，蓄餘財爲先生助祭，至累百年不廢。是爲公服勤師門之始卒大略也。

公字舜卿，沔川人，以高麗大丞相得宜爲初祖。有諱逑熙封沔川君，自是珪組繼世。至諱湛入本朝，至工曹典書，出爲黃海監司，相海州立巖地，子孫仍居焉，是爲公五代祖也。曾祖碧潼郡守諱居信，祖副司正諱文善，考副護軍諱守義，贈戶曹參議，以公扈聖勞也。參議公娶平昌李氏，贈參議允華女，以嘉靖辛丑十二月十五日擧公。

未成童而荐罹內外艱，方癠憂革，號天泣禱，願以身代。廬墓終喪，秉禮孔嚴，事兄嫂如父母。旣免喪，自奮劬書，從鄉先生學曰："人而不學，何以爲人？"恒立程準，專心爲己。一日讀《孟子》歎曰："微孟子，人其禽獸乎！"益加鞭約。家極貧，至飮水漿以療飢，而不撤功課。又工於趯勒，而不能辦紙，習寫於廳板樹葉，以致指肉皴傷，論者謂"公書法爲文學所掩"。

平居晨起謁廟，間日拜先生祠，退處書齋，端拱危坐，矻矻乎進脩。喪祭視《擊蒙要訣》，仁於宗族，急難如流，馭臧獲，先恩而後威。雖不以師道自任，而誘掖後進，多所成名，一鄉髦士賴而不失趨向焉。

龍蛇之役，大駕西狩，公痛哭募兵，得五百人，與趙公光玹兼程勤王，奔問行在，其奮忠捍國者如此。後由司饔院直長，遷司圃署別提、繕工、軍資監判官，由同福縣監，改授青陽，政平事簡，不勞而治，未幾棄歸。後拜戶曹佐郎、平市署令，以工曹正郎謝官歸鄉。

辛亥七月十日，考終于本第，壽七十一。葬于州西栗枝坊艮坐。配淸風金氏，德溫之女，壼範極備。卒於戊申，祔右。男榮、榮男承烈俱殀。承烈弟成烈，進士。其後承蕃衍，殆不可勝記。

嗚呼！本朝自中、明以后，群哲繼作，凜凜向彬郁之風，而人文猶有所未暢，至栗谷先生出而始盡開荒闢陋，道德文章、進退行藏粹然一出於中正，所以爲左海之孔子也。公最先摳衣，得聞子貢之所未聞，若陰陽錯綜之變、心性離合之妙，發其精蘊，被先生所頷可。又與沙溪金文元公、重峯趙文烈公幷跱三席，交修胥訓，以成其德業。觀先生心法授受之眞，而公之爲公，亦可知矣。

於乎休哉！牛溪成文簡公亟稱公之好學，日新不已。重峯字公曰："舜卿勵志篤學。"尤菴宋文正公雅言："松厓造詣得正，眞豪傑之士。"老峯閔文忠公銘之曰："自奮爲學，來就有道。其才可仕，從政何有？"渼湖金文敬公訪公遺墟而歎曰："石潭洋洋，松厓在傍。正學高風，百世可忘。"芝村李文簡公牧海州，亦擬立公祠于紹賢院傍，旣成名之曰"傍賢"，俎豆而侑焉。公始以原從勳贈承政院左承旨，後屢贈至吏曹判書、兼知義禁府事、成均館祭酒、侍講院贊善、五衛都摠府都摠管，賜諡文溫。朝家之所褒崇、群賢之所闡揚，亦云盛矣。然苟非公爲君師盡分，亦何以致此哉？

公後孫致煥方謀竪牲石，來謁銘，不佞竊誦公風義甚夙，不敢辭，力疾而序之，繼之以銘曰：

允文文成，倡道大東。
展拓開豁，爲群儒宗。
首事函丈，有松厓翁。
與聞性道，如應撞鍾。
願言奔軼，步趍是從。
爲之先後，如端木公。
聞難灑泣，自許孤忠。
倡義提兵，從于灣宮。
凡厥有生，孰無君師？
鮮能盡分，如公之爲。
退遂初服，左矩右規。
里飽厥德，鄕誦其辭。
一體同祀，傍賢之祠。
遺風餘韻，曠世不衰。
崇秩易名，聖朝攸貤。
龍光炳烺，泉隧增輝。
貞德之符，百世不違。
後昆蕃昌，卽天報施。
柯亭之山，光氣葳蕤。
緊公全歸，永寧在玆。
淵丘雖易，尙無畊菑。
我薦石章，以昭以貽。
匪公之以，文成之思。

左尹白公神道碑銘【幷序○甲辰】

我純宗十有一年冬，流賊洪景來等起關西，連陷八郡，當是時，國家昇平數百年，人不知兵革，擧惶惑，無人色。守封疆者委印符，頓顙賊庭，淸川以北，靡然爲賊藪。白公慶楷以本道都事，家居定州，聞亂至邑，城門閉。公叩門而見主倅，主倅恇愓，不知所措。公招諭功曹金履大曰："爾旣富且久任，若募士十數人，急斬崔爾崙等七八賊，懸首號令，則此城可守。吾是亞使，當爲守城之主。"誠以順逆之辨，時一邑應賊，計無奈何。徒步歸家，勸伯氏倡義討賊，懷印赴平壤。

道伯以公聞難不赴密啓，見公而疑，至奪印。時朝廷特除公雲山郡守，公以密啓請待罪營下，道伯强令赴任，公星夜到邑。前倅已往守鐵瓮山城，公亦造城下，寧邊倅亦不許接。時雲山前倅仍任，公與寧邊人士糾合義旅。召募使申鴻周新莅寧邊，素服公名，假公以召募將。公杖劒而行，曉諭軍民以親上死長之義。

及到大陣，聞伯氏立慬。始伯氏在家擧義，以爲內襲賊兵、外迎王師之計，部署已定，事泄被執，賊誘脅萬端，而終不屈，竟遇害。公痛念家國，號擗欲絶，力贊大陣，剋期討復。及破城，公以衣履葬伯氏，終身不入定州城。朝家旣贈公伯氏亞卿，旌閭錄孤，又以旣有其兄，宜奬其弟，特拜公泰川縣監。是爲公臨亂自樹之大略也。

公字聖翊，其先水原人。以新羅大相諱宇經爲初祖。

有諱繹仁州府使，始居定州。曾祖諱采後、祖諱日永、考諱善養數世傳儒學。妣海州盧氏，玄軫女，以英宗乙酉擧公。

丙午登明經科，戊申付成均學諭，仍屢攝堂后。己酉陞典籍，卽移禮曹佐郎。始公之處堂后，上以文筆神速亟稱之，至有特恩焉。移工曹正郎、兼春秋館記註官，翌年除禮郎，肅謝日，命移工郎、兼春秋，換兵曹佐郎。甲寅復拜禮郎，甲子移戶曹正郎，出爲幽谷察訪。庚午拜肇慶廟令。辛未移平安都事。

時關西大飢，道伯問道內事情及目下急務，公言："祥原、郭山，土賊已發，勢將土崩瓦解。"又言："値此無前之歉，須有無前之擧，可以鎭安。"道伯不能用其言。亂平道伯謝公曰："公有先見之言，而反以爲疑，愧悔不已。"

泰川新經兵燹，民邑破敗，公壹心營職，蠲除賑濟，汲汲如救焚拯溺，爲文諭一鄕，圖所以承弊易變，流亡還集，瘡痍向蘇。道伯考績，亦稱其民乃安謐。被持斧者枉恝竄吉州，翌年蒙宥。丙子拜司憲府掌令，丁丑拜軍資監正。

至戊寅有翰林兼史相詰，至煩上徹，臺臣疏言公勸嗾至此，擬律配咸昌，上以忠臣之弟特放。

己卯拜長連縣監，爲政如泰川，立師勸學，講義理礪廉恥。辛巳移掌令。丁亥拜宗簿寺正，用《璿譜》補刊之役陞通政階，拜僉中樞、敦寧府都正。丙申推仲子侍從恩陞嘉善，陞拜都摠府副摠管、同知中樞府事、漢城府左尹，俱不就。壬寅九月三十日卒，葬于本州獨將山戌坐。

配坡平尹氏，通德郎得瑞女，生先公三歲，歿先公三十三歲。敬執婦道，用成壼範，葬在公墓同麓。擧二男三[5]女：男宗烈；宗杰，持平；女適卓廷虎；洪纘孝；洪致均。時珙、時璜、時瑢、時珩、金尙彦·卓景憲妻，宗烈出。時塤，宗杰出。卓廷虎女，金尙昊。洪致均子倫叙、時璜一男幷幼。

公孝悌天植，居憂哀毁幾不全，七耋後猶盥沐承祭，不以隆沍而廢，及患風痺，必束帶致齋，明燭達曙。事伯氏如父師，及死於忠，公爲文告廟，招魂城南而擧哀，終身含恤，語及輒泣。接人必溫恭，有一善則推奬，俾興於爲仁，見人不是，莊嚴其辭色，其人慚服，往往感化。

嘗倣朱子南康遺制，立社倉于所居梟湖，一鄕賴以全活。又行栗谷鄕約，爲牧守所遵述焉。

公受兩朝殊遇，嘗願爲國家一死，草疏數萬言，援古證今，切磨時弊，而每承臺銜，在外徑遞，竟未上徹，公爲畢生恨焉。公雖妙齡決科，而好學如渴，溫繹群經，如誦已言，尤用力於洛、閩諸書，居恒手不釋卷，《庸》、《學》二部，至命殉葬。

鷄鳴盥櫛謁家廟，整襟危坐，雖困倦未嘗欹倚，篤老猶作圓枕以自警。治家有法，不費聲氣，而上下率敎如治朝。

蓋公天資近道，又與伯氏切偲以德業，伯氏旣致命遂志，公又所樹立卓爾，無愧爲是兄是弟也。

公最愛不佞，不佞亦許公爲知己。公胤子托以麗牲之

5 三：底本에는“二”. 문맥을 살펴 수정.

銘，銘公者舍我伊誰？遂力疾而爲銘。銘曰：

忠臣之弟，又是忠臣。
生死雖殊，其心則均。
成仁取義，繄公家訓。
非惟訓之，矢與偕慬。
聞亂痛哭，杖劍奔問。
親冒鋒鏑，曉諭列郡。
倡起義旅，遠邇齊奮。
腔血如沸，體膚凍皸。
誓滅讎賊，私痛公憤。
民志靡定，罔辨逆順。
微公伯仲，疇建程準？
此公此心，孰敢比并？
蓋公爲人，分數極明。
平生所講，地義天經。
聲氣攸感，迷俗喚醒。
天資良貴，學力爲京。
先立其大，何用不臧？
天報德善，福祿無疆。
勖哉西士！誦法勿忘。
嵂彼獨岳，新封若堂。
惟其令名，昭載石章。
後千百祀，其永無傷。

知中樞介石軒李公神道碑銘【幷序○己酉】

惟我正宗大王躬祈永之化，躬耈造之德，旣編成人瑞之錄，以上祝殿宮寶齡。乙卯春，唱生進名于庭，命大小科回榜老人，杖而造朝，進秩以尊寵之。時則有介石軒李公以景廟癸卯進士、英廟乙卯大科，應旨赴闕，詣靈壽閣，奉審三聖玉牒，簪花導樂，以安車還鄉，至今京輦、湖沿之士莫不傳道盛事。然或不知公孤忠直節已著於進身朝籍之初而自號介石，實不浮於終始之大致，則今於顯刻尙德之文，宜有所先後者。

公諱弘稷，字季章。咸平氏以咸平府院君諱彦爲鼻祖。本朝戊午禍，有縣監諱慴以師事金佔畢坐廢。七傳至諱時佑，疏斥光海廢母論，丙丁亂倡義赴亂，後以官誥書虜號，不就蔭塗，戒子孫“及見崇禎時者勿赴擧”，寔公之高祖也。曾祖諱元明、祖諱大純俱以先訓自靖，後各贈左承旨、吏曹參判。考諱俊林以進士與尹公志述等請改明陵誌，尹公被禍，以同罪獨免爲恥，引義割名于籍，後贈正卿，皆以公貴也。妣茂松尹氏，進士諱翮之女。

公以肅廟三[6]十一年乙酉十月二十二日生，先公夢，一偉人自稱俛仰亭宋純，遺雙玉圈曰：“生子可與之，命數同我。”後其言果驗。七歲能屬文，十一丁母憂，執禮如成人。十九赴會試，不待榜而歸，中路遇榜目有己名，了無幾微色。一

6 肅廟三：底本에는“英廟四”.《剛齋集·介石軒李公行狀》에 근거하여 수정.

邑宰同店舍見之，歎其爲遠大器。自中路還京應榜，凶徒以先公庚子割名事沮之，不得謁聖而歸。

癸丑丁先公憂。乙卯秋登殿講及第，以文義理勝，被褒鄭重，赴殿試分隷國子，以主分館者挾憾而外之也。以假注書進講《大學衍義》、《朱子語類》，屢蒙奬諭。

戊午除青巖察訪，以政官循時議，必欲使以國子升六品，非善意也。後値新使有先嫌，呈病啓罷，而金公在魯筵達，以承文調用，陞典籍歷禮、兵郎。

上臨筵特詢若曰："親老人七百里旅宦，情地難安，何不移接近畿？"是日政注，上下詢："全義邑無弊乎？雖殘亦堪便養地矣。"纔退出，恩點已下。赴任以清勤爲政，買一屋於縣內，奉親移寓，以將老近移，前有聖教也。

癸亥以災眚都事，遍審嶺右災損，蠲惠均及。甲子掌試嶺右，旋除忠清都事、兼海運判官，監漕穀裝載，吏不得刁蹬爲奸。

丙寅除正言，多所論啓。時朴文敬公弼周進袖箚，以辨聖誣，一邊人忌之，迎擊去國，物論駭憤。搢紳疏入，天怒大震，疏頭尹公陽來以下八十三人，一時拿囚。公拜掌令，以三司規避，討復義闕，簡諸僚，同時詣臺入侍，讀李光佐、趙泰億追奪啓，天威震疊，至有無臣節不君之教。公起伏曰："聖教嚴截，臣等宜滅死於卽地。然所執之義，亶出於爲君父討亂賊，有非雷霆之威所可摧抑。況沙邱二字，不敢更提，臣豈不知聖意之惻怛？而此輩之爲逆，正在於此。論罪之際，未免攙及，原疏若蒙允許，則此等句語自可減去矣。”上曰：“李光佐亦多非處。昨冬四字下敎，三司不請還收，何敢持此啓入來？”公曰：“臣在鄕廬，未及聞聖敎如何。”上曰：“予曾以歸臥私第爲敎矣。”公曰：“光佐等處分胡大事也， 而有此不敢聞之敎乎？ 當時臺閣不請還收，誠極駭然。下敎四字，伏願卽爲還收焉。”於是諸臺次第引退，而公獨留身，力言人紀關係至重之由，仍請遞斥，以安私分，上批依啓。

右相閔公應洙、副提學尹公心衡一疏一箚， 請收罷職之命。十一月拜靈光郡守，公以距鄕一舍，易招訾謗，持正奉公，吏畏民懷，未幾解紱歸。

辛未冬世子代理，以獻納上京，論罪趙榮國擅停大論。世子令曰：“向以此等黨心，致煩聖慮，予心惶凜，今日敢復如是，李弘稷遞差。”上下詢書中語，敎曰：“李弘稷語涉不美，黨心已綻。斥人曰黨，可謂自鳴。元良幸知其心，嚴斥先遞矣。”於是一邊人交章請罪，正言金公時默陳疏救解。

癸酉[7]叙拜軍資監正。甲戌開城大飢，上特除經歷，捐廩賑濟，府民賴活。有虛留錢累鉅萬，留守尹公汲以軍律督捧，境內震慄，三日不敢擧火，公力請“寬限，替當準收”。導俗以《小學》、《擊蒙要訣》，設行鄕約，民俗丕變。

丙子遭繼妣李夫人憂，持制踰禮。己卯拜獻納，時上有激惱之擧，至謂“山林之害，甚於洪水猛獸”，公疏救金公亮行、宋公明欽。丙戌除定州牧使，以上官不叶圖遞。戊子

7　酉：底本에는 “亥”. 《剛齋集·介石軒李公行狀》에 근거하여 수정.

除舒川郡守，以災年擇差也。始郡衙有鬼魅作怪，公到便帖息。親審災損，殫誠賑救，無一捐瘠。

辛卯拜司諫，時洪麟漢爲完伯，多行不法，公將疏劾，有泄之者，麟漢嗾李宜魯先發之。時公方擬東宮官，竟見枳於麟漢，公遂作長往計，構亭於鷄龍山下龜巖之上，逍遙以自樂。

乙未冬聞上欲令世孫代理，而賊臣洪麟漢力沮大計，不勝憂憤，將以前銜上疏，構草登程，而因徐命善疏已下代理命矣。丙申英廟昇遐，公赴因山留京。時正廟卽阼，磐泰永鞏，而倖臣洪國榮擅弄威福，公以父執自重，不以色辭假之。申相晦於公有姻親之好，而亦見忤竄謫。李參議澤徵上疏請調護中宮，而末論大臣徐命善廢問安之事，遂被極刑，公亦以切姻，浮言謂"公必與聞"。公於是無復有當世念，自鷄龍往咸平，營修先世墓道。所居有溪山之勝，矢志終老，誘掖後進之秀者，群居肄業。

至乙巳以年八十，陞資通政，繼以大小科回榜，推恩賜爵，榮耀一世。嗚呼！此皆公厚德攸發，而若其氣節之卓犖，如大冬之松柏、頹波之砥柱。歷事三朝，享年九耋，人望之如靈光之巋然，亦惟我聖朝邳隆之化，有以致之，不但爲一人一家之福，於乎休哉！

方公推恩而歸，上特陞公崇政資，教曰："此重臣，少時不畏權貴者。" 公亦以保養元子，累累陳戒。君臣之間，於是乎兩無憾矣。

以丙辰正月十八日，考終于公州縣第，壽九十二。葬于咸平蟬峙辛坐。配貞夫人全義李氏，學生奎齡之女，內治勤儉，女則咸備。常以古道諷公曰："士大夫當市朝軒冕間，不失山林蓑笠時意。"當公抗論朝貴，夫人不作憂愁色，豫治衣具，以待嶺海之行，卽此可知公刑家之驗。先公十七年歿，祔公墓左。

公無子，取第三弟弘穉子儒性爲後，女長適進士鄭泰煥，次適宋煥中。儒性三男二女：命緖、秉緖、人緖，女適沈宜人、尹佐成。側室：男普榮，文科；女適元在恭。普榮三男：述緖、遠緖、駿緖。鄭泰煥二男：在觀、在豐。女適宋奭圭。宋煥中一男，學圭。曾玄以下多不盡記。

不佞雅聞公名論風裁，夐乎若上世人物，言議峻正，實有古諫臣模範，今於剛齋宋文簡公狀德之文，尤驗其信然也。公曾孫敦球從余遊，謁牲石之文，累辭以癃朽，而誠懇彌篤，遂力疾而爲銘。銘曰：

英、正在宥，悠久化成。
春臺躋世，泰階告平。
人瑞一編，彭紀絳甲。
公於是時，大年卲德。
杖而造朝，如古老更。
稽首丹墀，祝君萬齡。
君王受之，獻我殿宮。
萬八之門，瑞氣蔥籠。
維卯之春，造士成均。

公以國老，簪花衫襴。
千班聳觀，胥言稀有。
誰知遐福，以德之厚？
越昔兩朝，忠邪分明。
公秉讜正，臺閣是登。
誅姦既骨，障隄方決。
或擠于外，捐瘠是活。
直道無愧，天監其衷。
錫壽與貴，昭朗令終。
位躋上卿，年享大耋。
歸視其庭，曾玄林列。
蟬峙之原，四尺其封。
我銘石章，用詔無窮。

左議政淵泉洪公神道碑銘【幷序○庚戌】

嗚呼！歷選往古，以天德王道藉手事君，炳然爲世敎耿光者，如唐之陸宣公、宋之司馬溫公，以余幷時所欽服者，惟淵泉洪公諱奭周字成伯庶幾其人。而直道孤立，動輒顚沛，皎然一心尙未能大暴於世，惟輿儓婦孺至于今稱誦無窮，是遵何德而致此哉？以余耄及神迷，無能爲文字役，而公之弟永明都尉顯周氏屬以牲石之文，屢辭而不獲命，按狀而序之。

於戲！我正宗大王嘗臨軒發《儀禮》之策，條列數百事以問，諸生皆閣筆退去。時公年纔十七，獨無少滯澁，傍人來相質問，逐一酬答。構草旣竟卷，意不欲多上人也，以過限不呈而出，上臨視之，大加稱賞。

後四年甲寅應講，通《詩·斯干》章，翌年春又進講，通《易·大有卦》，遂賜第。教公王考孝安公曰："鍾鼎之家，有該洽之士，而不入俗樣，沖澹可喜。"命追付抄啓中曰："洪某不但該洽，爲抄啓中最，且其經學多自得之見，可知有實地工夫。"

戊午因《御定四部手圈》，敎筵臣曰："抄啓中本經術通訓詁，析理必程、朱，遣辭必歐、蘇者，年少中惟洪某一人，不可以後生而易之，予亦時賴其稽古之助耳。"

及庚申五月晦，筵教至屢千言。時公以檢閱入侍，記注非其職也。筵罷，特命公記注以入，公追思語次無差爽。上教筵臣曰："如此史官，雖古亦未有也。"蓋公初年受知於正廟者如此。

及純廟初元，以承旨侍講，敷陳文義，啓沃弘多。上嘗擬《浴沂》章例，命諸臣各言其志，公書進曰："廈氈淸穆，經傳在丌，講官在左，諍臣在右，訪袞職之闕遺，詢政事之得失，臣處其間，願進狂瞽之言，使吾君虛受之德布聞四方，如其經傳，以俟後人。"擬子路願聞子之志例，仰請聖志所存，上書下，若曰："賢臣碩輔爲國棟樑，猛將智士爲國爪牙，內而無君臣之失，外而無生民之苦，閭里無愁歎之失，邊圉無不虞之患。"當是時，一堂都俞，藹然有皇陶《卷阿》賡載矢歌之意，至今相傳爲曠世盛事。蓋公之受知於純廟者又如此，嗚呼盛矣！

公性於孝，自幼不一失父母意，外而足睡公敎誨之嚴，內而徐夫人導率之正，肅然有呂正獻家範。公左右承順，盡誠致敬，退與諸弟劬書。嘗以六經、四子排課默誦，至于隆顯耆艾，書未嘗一日去手，日用事爲，卓然有操執，不隨物遷化。世或謂公疎於事務，或不能綜密剸割者，抑淺之爲知公也。

足睡公以文淸公新齋諱樂命之從子，平生績學，蘊而不發，而徐夫人，渼湖金先生之外孫也。嫺於《詩》、《書》，以其所蘊與所嫺者，啓發於公，而其庭訓心傳常在孝儉忠恕，行不近名。

公服習薰染，夙宵洞屬，每侍側怡愉，眞有嬰兒之色。自少望實隆赫，若不暇及於子弟之職，而觀其左右服勞，少無別於寒士家人。

及足睡公疾篤，晝夜焦泣，親執刀圭者屢月，方革裂指進血。及喪哀毁逾度，如不欲生，三年食蔬，衰絰杖起，徐夫人慮其滅性，潛以肉水炊飯以療之。

遭內艱，又盡情致毁。與仲氏爲兄弟間知己，仲氏沒，公哀悼已甚，無歡於人世。季氏早屬禁臠，不敢以豐麗之容見於公，常若有恐懼之色。推及親戚踈遠，接之盡其和，施之適其宜，退而無怨言。每於子姪之病，按方療治，不專委醫。此公居家至行，見稱於世者也。

公旣妙年大闡，進途無碍，而常持戴盆之戒，不喜黴逐，惟經筵侍講、試園較藝，盡心殫力，爲一分對揚之道。乙卯赴殿試擢甲科，例授直長呈遞，以承政院注書兼藝文館檢閱，迭居兩職者數年。

有謂注書薦望有私護之人，廟堂請削職，以華城儀軌[8]監印勞陞六品，壬戌拜司諫院正言，引咎辭職，因陳勤典學親正士之要，上優批嘉納。再上疏乞免，又言："壯勇營旣罷，命以其錢穀屬內帑，非王者無私藏之義，請令廟堂從長分屬，要以便民足食爲主。"慈教若曰："當此臺閣寥寥之際，能擧言責之任，予甚嘉之。"特令大臣諒宜出給，採用其言。公猶以情志危蹙，陳章乞遞，以屢違召命罷職。未幾敍拜校理、正言，皆上疏辭。

公前後二疏，以敬德、誠民、正朝廷、來諫諍、勉聖學、抑宦寺諸條，反復極言，上皆嘉納。然公猶引嫌終不起。筵臣言："洪某經術合置啓沃之列，向者橫逆不當一向引義，請嚴飭行公。"而猶不趁召，承嚴教始出供職。

癸亥按全羅左道試，歸因講筵，請減外邑科費之徵斂民間者及東堂易書之弊、外述冒入之習。四月以咸興民家失火，特差慰諭御史，往視奠接形便，歸請蠲本邑蔘稅。

五月陞應教，旋除謝恩書狀官，淸嚴自律，一行警惕。兼執義、司僕寺正，十二月還拜校理。以仁政殿失火，應旨上疏，略曰："火之爲性，伏而後發，伏之極者，發亦必暴，譬如人身有鬱不泄，則心火上炎，必至銷鑠焦熬。顧今公議

8 軌：底本에는 "範".《淵泉集·家狀》에 근거하여 수정.

之鬱、民情之鬱、言路之鬱、人才之鬱，煩冤結轖，無由自達，氣類所感召、機緘所觸發，安得無今日譴告乎？求言之敎，不宜獨及於言事之臣，請上自廟堂，下暨草野，幷許有懷必陳，博采翕受焉。”上賜批褒納，命喉院撰進求言之敎。左揆徐公龍輔言：“啓沃之責，專在玉署，校理洪某經術文學允合久任。”公上章辭，仍言：“法殿之遽命營建，非所以仰答警告之意。”

甲子因關東六邑民家被燒，復差慰諭御史，比反命，請蠲民弊者甚多。十一月差奎章閣直閣，乙丑拜議政府檢詳。以應敎因貞純王后因山進退之議，獻議言：“五月而葬，先王之經禮；時日拘忌，後世之小數。”因博考經禮所載及國朝故事以進。屢拜三司，間兼實錄記注官、漢學·南東學敎授、文兼宣傳官。

丙寅特授同副承旨，屢遷至左承旨，歷刑曹、禮曹參議。戊辰拜吏曹。己巳陞嘉善，拜都承旨。庚午拜同經筵、副提學、奎章閣直提學。時上以拘忌有移御之命，疏陳其不可。歷刑曹參判、漢城左右尹，復拜副提學，因辭疏陳八條戒曰：“講學以正心，遏欲以養德，遠諛佞以親賢士，愼命令以重王言，勤咨訪以講治道，儲人才以備任使，振紀綱以肅朝廷，節財用以重民命。”賜溫批，屢疏辭不許，繼下嚴敎，黽勉出膺，行本館錄。

辛未除成川府使，時癘疫大熾，躬行窨幕，遍加撫恤，賴以全活者甚衆。未幾遭世父喪決歸。壬申春以西警未息、廟務鞅掌，特薦爲備局有司堂上。公以兵鈍不勵，告功不時，願爲督戰使，出往視師，廟堂不許。翼廟冊王世子，時議擧謂"書筵輔導，非公莫可"，拜右副賓客，兼兩館提學。十月丁外憂，甲戌服闋除職，以念灰榮塗，控疏哀懇。

乙亥拜忠淸道觀察使，時經大歉，民不聊生。公疏請得加劃田災千餘結，又請軍布從便代捧以賑賙之。還穀之加分取耗者，襲謬作營廩久矣，公以爲非法，一粒不加取。巡部之行，路遇民訴，必卸轎而聽，撫諭惻怛。到邑或値深夜，簿牒旁午，剖判如響，無一漏誤。民懷吏憚，不惡而嚴。會有蜚語行京師中，李遊誠、柳七在輩捏訛興訕，語涉叵測，賴上聖明，燭其被誣，得以無事。然公益不安於朝，屛居自靖。

至己卯六月，除官凡十四，幷不膺命。九月拜都承旨，求退不已。辛巳孝懿王后昇遐，乃不敢言私，入參廞衛候班，而或見除書下者，輒迸出城闉。

壬午拜全羅觀察使，疏辭甚力，命以謫補例察任。旣之任，有暗行御史與守令爭較體例，屬監營啓罷，公以爲："同是奉命之臣，安有繡衣不自主張而使道臣奉行風旨者乎？"及御史還朝，論列於書啓中，公疏辭乞免，遂閉閤不視事。左道御史又移關送罪人甚衆，按之多無實，公悶其横罹，務從輕勘，其人還朝，上章論劾。公乃使都事替啓，至癸未正月得遞，自是除拜皆不出。八月丁徐夫人憂，乙酉服闋，所拜諸職，皆不受俸祿。

丙戌陞資憲，還差備堂，拜知中樞，除旨凡數十下，幷不就。間因事會一肅，知義禁及刑曹判書而已。

庚寅五月，翼廟昇遐，六月拜兵曹判書，以殯宮都監提調奔赴視事。及返虞，以殯宮失火時，未能盡誠奉衛，自列徑出。九月拜刑曹判書、藝文提學，引咎疏辭。十二月拜大司憲，因辭疏，論雷異星變之後，擧朝寂然，上無責躬求助之敎，下無繩愆納誨之言，極陳言路不開之弊。

辛卯以正使赴燕。　壬辰拜兩館大提學、知成均館事，疏辭。癸巳二月，以左副賓客行王世孫相見禮。三月進秩崇政，拜戶曹判書。

甲午拜大冢宰，辭不獲，行都政，振拔淹滯，人謂百年內所創有。已而特拜左議政，三上辭疏，六徹附奏，批旨隆重，怵迫膺命。十一月純廟大喪，以摠護使兼三都監都提調，率相地官看審陵地。時初度封標處，有姦賊時復者譸張爲幻，啓請改圖，移定新陵。竣事胥命金吾，因嚴旨，黽勉視事。八月因星變乞退，不許。

丙申四月按鄭奎煥獄。五月內局進御藥，銀盌忽色變，監劑醫官及隸屬，罪當訊鞫，慈聖推好生之德，將施薄勘，公再上箚爭甚力。六月除實錄摠裁官，十月以冬雷乞退。十二月按南膺中獄，居數日以病免，因臺疏迸出城外。尋因三司合啓，有削黜之命。己亥春始停啓，付判中樞。壬寅三月陞領中樞。

公自是決意休退，不入都門一步，以憲宗壬寅六月十日，考終于僑舍，距其生英宗甲午，壽六十九。訃聞上震悼，隱卒有加，以遺命不受禮葬。八月某日，葬于長湍功德里某坐。

嗚呼！公古所謂遺德也。以沉潛凝定之資，躬勤苦積累之功，雖位躋崇顯，而自處如韋布，至若《詩》·《書》·《易》·《禮》之訓、性命理氣之辨，身踐心得，怡然理順。雖使處山野巖巖，尙可爲命世大儒。而若其立朝大節，磊落光明，置之廊廟而百僚足以矜式，試之藩屛而庶務咸有條理，至於天文易象之奧、筭數儀物之繁，毫分縷析，如指諸掌，而退然如無能。

不佞少日，每見人謁公而歸，輒問公勛業行治，便覺奮然興起，有幷時之幸，而若其默而成之，存乎德行，有非想象揣摩之所可得。然竊自謂獨知人所不知者，以無不可對人言也。

在《易·謙》之九三曰"勞謙，君子有終，吉"，《象》曰"勞謙君子，萬民服也"。方公之狼狽去國也，都人士女咸歎曰："天不欲使吾國平治乎？奈何使洪公去乎？"

在《易·繫》《大有》上九之辭曰："天之所助者，順也；人之所助者，信也。履信思乎順，又以尙賢也，是以自天祐之。"如公之德，乃吾東可尙之賢，而履信思順之治，庶幾顒若於方來，則公之一時遭迍，有不足悲，而曩所謂宣公、溫公皆得知照於當時，流光於後世矣。

公於本朝名碩，最慕朴思菴，以其性氣風節之相近也。尙論者幷稱以儒相，詎不宜哉？

洪氏籍豐山，自鼻祖以來，勳德載史乘，至我朝慕堂文敬公德望重一世，繼以永安、貞明植福啓後。高祖諱錫輔，吏曹參判贈左贊成，有卓節於辛壬士禍。曾祖諱象漢，大宗伯贈領議政、靖惠公。 本生祖諱樂性， 領議政、孝安公。俱以厚德完福，爲先朝名卿。而祖諱樂最贈左贊成，仁而不食，得賢爲嗣。

若足睡公諱仁謨，左副承旨贈領議政。徐夫人，達城徐公觀察使逌修之女，以女中君子，式穀後嗣。是以公能篤學力行，致位公孤，卒有所秉執扶植，以護我國家萬億無疆之基，則方來之慶，有未可艾也。

配全州李氏，監役英禧之女，白江文貞公敬輿其先祖也。亦稱女士，治家有法度，祔公墓左。擧一男一女：男祐謙；女適前府使韓弼教。祐謙好學有氣局，期以大受，早殀，取公季氏孫承運爲嗣，府使，男章錫，女進士李承九。

直弼與公隱顯殊塗，雲泥異趣，而居近年比，夙慕公德義名節，有贖百身起九原之願，而神隕精喪，罔克闡揚。然公自不朽，何須於腐筆哉？銘曰：

尼不云乎？不忮不求。
曾亦有言，斷斷休休。
千載稽考，如蓍如龜。
疇述軌範，念釋在玆？
展也洪公，古之遺德。
一念忠悃，祐我宗祏。
早歲蜚英，篤學匡君。
受知健陵，仰贊右文。
純廟初元，法筵橫經。

宿豫啓沃，用殫忱誠。
言志之訓，都兪一席。
王曰嘉乃，衮褒隆赫。
翊我嗣聖，迪以祈永。
言皆訏謨，學則誠正。
家耄遜荒，裨世弘多。
謂公再入，爲時光華。
介石不轉，終老巖阿。
獨有孤忠，洞徹九冥。
孚尹旁達，百度俱貞。
先立其大，餘皆類推。
名實純粹，不磷不緇。
夷險一節，質神無疑。
屈伸有命，顯晦隨時。
廊廟之窮，往哲攸悲。
不有君子，斯焉取斯?
享短流遠，後千百曆。
崔崔德岡，穹龜負石。
我揭銘章，天壤俱泐。

梅山集

卷三十三

神道碑

神道碑

高麗吏部典書謚忠肅白公神道碑銘【幷序】

我太祖啓祚，應天順人，而麗朝舊臣全節於革命之際者甚多，或死或生，而各盡其分則同焉。昔伯夷非周，餓死首陽，而文、武不以其故貶聖。抱咫尺之義，沒身自靖，豈若瞞天讕人而取榮名者哉？靜愼齋白公，所樹立卓然，是亦牧、冶群賢之流亞，於乎休哉！

公諱莊，字明允，靜愼其號也。受業於圃隱鄭先生，十六成進士，二十五登元朝制科，授翰林侍讀學士。恭愍朝累官至匡政大夫、吏部典書、寶文閣大提學。時朝廷紊亂，公挈妻孥入雉岳山中，闔門守身，鑽研性理之學，將以滅景。我太祖夙聞公賢，累除官敦迫，不就命，竄于海美。及太宗嗣位，特命宥還，又除吏曹判書、集賢殿大提學，下手札馹召。公答云："不事二君，著在簡策，昭如日星，詎可以三朝食祿之臣而懷二心哉？"又不就，遂移配于長水縣。

時厖村黃翼成公亦居謫玆土，相與爲晨夕之樂。常勸黃公出而濟時，贈詩曰："何事非君有伊尹，生逢堯、舜是昌辰。春來獨取薇花露，酹彼西山餓死神。"以伯夷之節自期，伊尹之事勖黃公也。一日黃公乘月而至，値公駕遊，忽有詠詩聲曰“主人何處去？明月自滿庭”，開戶視之，不見其人。未數日公捐館，神先告哀也。訃聞，停朝賜祭，葬于長水縣長溪面黃谷里丙坐，後賜謚忠肅。

遠祖諱揮，大司馬大將軍，奕世爲將相。曾祖諱天藏，政堂文學平章事，封水原伯，仍以爲貫。祖諱璉，樞密院左承宣。考諱仁景，密直副使。妣貞夫人李氏，太傅文貞公藏用其考也。公娶本朝右議政密城君朴幹女，擧三男：莉玉判司，如玉左參贊，季玉參議。判司子玭判書，二女適宋寶山、金南澤，俱爲判書。參贊子雲昇副正，雲鼎判尹，雲暹知中樞。

公素有遐情遠韻，就長溪南構亭，顔之曰淸心。携宋寶山、金南澤兩公，嘯詠亭上，用寓麥黍之感，人謂“一門三尚書”云。一鄕譽髦曠世興慕，亭閱百歲，而猶不毁，原州多士祀公竹林書院，額曰尙德。

嗚呼！臣之事君，一食其祿，終身無貳，而賣國販君以睹其富貴者滔滔。如公者勵百死不移之操，拒兩朝必致之命，竟不失身，靖獻于朝，是所云“遠不違君，死不忘國”者也。然不有我二聖大德優容，俾全其苦節，何能身與名俱完乃爾？於戲盛哉！黃翼成著公誌狀，備述其行治，而文佚不傳，惜哉！公後孫重鉉齎公遺事，千里而至，謁余銘。銘曰：

允矣白公，遂良顯忠。
忠有所自，師服圃翁。
慷慨從容，其揆則同。

廉頑立懦，聞風二松。
挹薇花露，酹餓死神。
難至節見，志願畢伸。
克扶天經，用樹風聲。
昭德塞回，不隕厥名。
全歸報國，臣主俱榮。
朝錫節惠，士薦芬苾。
情禮攸叶，人神胥悅。
黃谷之阡，堂斧巀嶭。
有屹桓楹，泉路是鎭。
旌忠石章，用詔永遠。

兵使金公神道碑銘【幷序○庚戌】

丙、丁之役，故氷庫別檢金公坱自春川奔問于南漢，路遇虜兵，力戰而殁。公胤子重明字而晦，負公屍返葬于楊州金村，日夜沬血飮泣，思所以湔雪。華陽宋文正公勸習韎韋業，乙酉中武科。時天地翻覆，冠屨倒置。孝廟痛念大義，召致淸陰、愼齋、兩宋諸賢于朝，厲志復雪，圖興事功，謂"今日臣民小大斅同，只爲目前計，此輩不可與共事，可與共事者，其死虜家子孫乎"，又求將才可托以心膂者，尤菴薦公，特除宣傳官。

先是公唱名展墓，有大虎負嵎，從者喪魄莫敢前。公下馬大呼，直前蹴殺之，人莫不服其勇。上召試公膂力，公取沙土三苞，左右腋各挾一苞，又擔其背，從闕外至殿前，上壯之。由是眷注日重，歷試諸職，內則都摠都事·經歷、訓鍊僉正·副正、司僕將、內禁將、御營別將·中軍， 外則竹山·甲山府使、益山郡守、永興中軍、海美·淸州營將、慶尙左水使·兵使。己亥孝廟上賓，公拊膺大慟曰"吾今已矣"，日夜號擗，如不欲生。遂退居淸風白峙，爲終焉計。

肅廟初服，兇黨竊柄，群賢迸逐，而尤菴竄北塞，禍機將不測。公匹馬往候，受題《心經》而歸，識者多之。乙丑正月公疾革，治命曰："吾家以儒術繼顯，及吾身業武而至閫帥者，目見醜虜肆兇，主辱父死，天下無君。惟願佐明主手提十萬兵，以報不共戴天之讎，上天不仁，弓劍遽遺，而討復之說，不復聞矣。爲我子孫者，悲吾賫志未伸而死，勿復求科宦榮達，躬耕劬書，永作大明遺民可也。"遂考終于正寢，壽七十二。窆于白峙侍中公墓下艮坐。

侍中公諱大猷，仕高麗封淸風府，爲金氏鼻祖。入我朝，文毅公諱湜倡明道學，事中廟爲大司成。是生可軒諱德懋，以經行授顯陵參奉，贈吏曹判書。是生拙灘諱權，文科參判，光海丁巳立異讎母議，贈領議政謚忠簡。寔公曾祖以上也。祖諱興祥旌善郡守，贈左承旨，考別檢公贈戶曹參判，妣平山申氏贈貞夫人，皆以公貴也。聘漢陽趙氏，贈參判繼男女，擧二男一女：男長錫如善趯勒，承公遺命不赴擧，以優老恩階通政；次錫弘通德郎；女適洪演。庶女：長爲縣監曺以樑妾，次爲任悌元婦。孫：男道潤通德郎、女李萬擧、側室男道濬·道沄、女爲禹世準妾，長房出；道漸·道淸·道淑、尹翊周·李世喬·李世泰·柳春芳婦，次房出。道潤孫一默，自號三秀子，有孝行，從渼湖金文敬公學，文敬沒，廬墓心喪。餘不能悉記。

嗚呼！人之所以爲人，以其性則仁義，以其倫則君臣父子也。故曰"君父之讎，不與共戴天"，乃發於至痛不能自已之同情，非專出於一己之私。尤翁常三復斯言，以爲"此義不明，則禮樂淪於糞壤，人道入於禽獸"矣。

我孝廟以天縱神武，又得同德一二臣，經綸天下之大經，瘖聾跛躄增氣百倍。然義理晦塞之餘，全軀保妻子之徒倡爲邪說，陽助陰擠，俾環東土生靈淪胥以鋪而莫之恤也。公乃能奮不顧身，以薪膽之義，講孫、吳之術，蓄銳待時，仰贊聖志，若使聖壽無疆，功成治定，則公豈終於此而已哉？此志士仁人所共痛恨者也。然蹟公平生，旣無憾於君親之分，自契於《春秋》之誼，則志業未就，亦不足論也。

公沒後子孫零替，父子行治湮滅而不傳，惜哉！一默兄孫康善、慶善等收拾家狀，命余以牲石之文。旣爲公先碣，殿之以公碑，用敍其景慕，而筆與心朽，罔闡其風節，是可恨已。銘曰：

維淸風氏，世著忠良。
公又挺生，勇士不忘。
義不共戴，視天茫茫。
鼓鼙興思，於赫聖王。

復雪一念，可質穹蒼。
孰爲虎臣，用當鷹揚？
惟公受知，歷試疆場。
捐軀報國，熱血充腸。
寔天不弔，幻化滄桑。
直欲身殉，弓劍之藏。
于以遵晦，桑梓之鄉。
關塞極天，大老遯荒。
匹馬往候，信義彌彰。
《眞經》受題，憂在無疆。
臨沒拳拳，畢義尊攘。
治命後昆，大明遺氓。
有屹白峙，有侐玄堂。
丹心不死，休有烈光。
螭蟠龜負，山高水長。
凡百君子，視此銘章。

贈兵曹判書完興君謚毅愍李公神道碑銘【幷序】

昔我正宗八年春，右議政金公熤建白言："龍蛇之亂，樹勳立慬者甚多。惟全羅右水使完興君李億祺戮力殲賊，功烈與李忠武齊名，繼又殉節卓然，而尙闕易名之典，非所以表彰忠義也。"上下詢諸臣，可其議，贈謚毅愍。於是上自公卿大夫，下至草野有識，咸咨嗟太息，以爲聖朝彰癉樹風之政至是而無復遺憾。不佞在少時，及見其事，每過公丹門，輒鞠躬致敬。今於牲石之文，義不可終辭，乃按公本末而敍之曰：

我國家外攘之憂先北而後南，其控御節制爲天朝藩蔽者，亦終始相仍。惟李忠武閑山之捷燀赫如雷霆，至于今塗人耳目。若公則發硎於慶興、會寧，北蕃之亂，威聲已大振。及在南禦倭也，名位差遜於忠武，然公每爲之讓其功而辨其誣，忠武之復還卽戎，亦惟公之言是賴。據此論之，有不當遽處公於忠武之下者，嗚呼韙哉！

公生於嘉靖辛酉，纔五六歲，遊戲爲戰陣節制。弱冠時渡江，遇暴風船幾覆，超躍數十步，出立岸上，舟人大驚，以爲古飛將軍不能過也。年十七，薦授司僕寺內乘，登武科，因蕃胡寇北方，特拜慶興府使，趣赴任，至則修城堡繕器械嚴斥堠以待之。

癸未春，胡酋率精銳渡江，掠倉庫戎器。公以騎、步兵三百，冒鋒突擊，令變服相混，得其兩酋頭，懸竿揮旗而出，賊衆大亂，奪被擄人數十而還。遂設高壘盛軍容，使敵莫測，賊相持不得便，遂撤去。巡察使以聞，陞通政。已而賊又出穩城界恣殺掠，府使申砬、北兵使李鎰輕敵撓屈，功罪相當。移拜穩城府使，撫士卒授以方略，審地利便否，設壘堡候諜，作草人植疑旗以運糧。

丁亥秋，賊乘夜出慶源、慶興間。李忠武以造山萬戶，有違節制，將拿治定罪。公力言於兵使，事遂已。又俘獲寧古、厚春、九峯諸胡，知險夷虛實之詳，接應整暇，北方賴以無事。

及辛卯秋，倭酋平秀吉宣言將借路入中國。上命各薦將帥才，柳成龍薦權慄、李舜臣；鄭琢薦郭再祐、金德齡；鄭彦信薦公及申砬、金時敏。遂以公爲順天府使，旋陞右水使。時李忠武已以左水使南下開府焉。壬辰春到營，綜理軍務，當是時，慶尙左水使元均擁兵逗撓，無與爲倚重。公領率板屋大船二十五隻，馳赴前洋，路聞倭陷東萊，府使宋象賢死之，大駕西巡至龍灣，奏聞天朝，爲內附計，宣、靖二陵禍變罔極。公悲憤痛哭，誓舟師廓掃倭賊，奉迎大駕，壯士皆扼腕泣下，矢無貳心。

六月一日庚午，發船至玉浦，而均觀望左右，無賈勇効死之意。公激諸將衝突倭船，驅逐至固城之唐項浦，揚帆鳴鼓，身先士卒，促櫓而進。時二水營師老氣竭，無以振作，見援師大至，恃以無恐，合勢鏖戰，遂得大捷。七月癸未，與左水使發船至唐浦，見前洋一巨艦，上垂紅羅帳，立金團扇，遙見賊將形貌。卽仰天自誓曰“彼賊必滅吾手”，乃歸水次，作木偶人五六軀，畫靑紅甲被之，手把長劍立船上，使先鋒進退襲掩佯爲退遁之狀。賊果乘勝追至海闊處，揮旗督左右翼疾擊之。公獨注目巨艦上，一發中之，賊酋應弦而倒。用火炮撞碎三十餘船，所獲首級無算。捷奏至行在，上嘉奬之，進階嘉善。

旋又聞倭有屯安骨浦者，與左水使諸公往襲之，以鐵裹船，以濕綿包之，入氷上岸，無墊溺之患，賊火礮無所施，掩突燒破賊四十二船。而釜山多大、西平、絶影諸島，賊又屯聚爲巢窟，乃又與助防將丁傑繞出草梁、鹿島之間，爬括殆盡。於是熊川安骨之賊據險不出，但多設旗幟，時放丸矢，以示驕横之狀。公命以板屋四五船爲先鋒，用空銃，使彼實應，於是賊船二十七隻淪沒無餘。

時天朝命提督李公如松領十萬大軍，掃蕩箕城之賊，而上特賜豹皮銀緞，使俵賞將士。於是諸鎭歡聲如雷，漸次有匡復之望。然時廟議中變，謂三道舟師無所統轄，乃以左水使李舜臣爲三道統制使，使諸營鎭幷受節制。元均懷怏怏，來語公曰："我以先進屢立功，今爲其管下，何以堪之？"公曰："吾輩當危難之會，協心共濟而已，何爵秩崇庳之是計乎？"少無幾微之色，均見之憮然而還。自是意不合，事事携貳於公。公知必有大不利於國家者，晝宵憂慮而已。

及丁酉正月，忽有命拿鞫李忠武，使元均代之。公就別，握忠武手曰："所恃者，惟完平體相在嶺南耳。"時上遣御史南以信，按廉事實，而南與元爲姻婭，反案以聞，而完平所啓亦不見信矣。公乃使軍官宋希立奔問李公獄中，而抵書李白沙恒福、金慶林命元，備陳李公寃枉狀，以百口保之，得以無事，忠武之不死，公之力也。忠武還至中道，遭艱營殯，雖起復從戎，而事勢艱棘，異於開府之初。公亦孤立無朋，聲援俱絶，只以一死報國，自矢于心而已。

七月倭寇大集絶影島前洋，公以左翼軍先突。均觀望不戰，與公船艦稍近，輒引避之，使獨當其鋒。於是公知事不可爲，顧謂忠清水使崔湖曰"爲國一死，臣分也"，轉至閑山洋，終日鏖戰而死之。蓋是役也如重峯錦山之戰，從容就義，已決於立心之初，非一時慷慨就死之比也。事聞上震悼嗟惋，加贈資憲大夫、兵曹判書，後因領相李公恒福言，享祀於水營馬來山下，賜額忠愍祠，配食于李忠武公，而以衣冠葬公於楊州峨嵯山下午向之原。配贈貞敬夫人永川崔氏，縣令諱恒之女，葬同原。男輪禁府都事，孫猷縣監，曾孫震晟縣監。玄孫以下多不盡記。

十代孫象日以公石章之刻，來懇余甚摯。謹按公字景受，系出國朝，定宗恭靖大王第十子德泉君謚積德諱厚生於公爲高祖。曾祖新宗君諱孝伯謚恭簡，祖新谷君諱富丁，考沁洲君諱連孫，妣朴氏校理命堅之女，以公貴皆追贈如式。

嗚呼！余每讀國乘，至壬辰島夷之變，每三復慷慨於忠武及公終始相與之義。又恨公年齒不及忠武，而威名施爲實與之相埒。若使之享年益久而任用益專，又無搖撼掣制於其傍，則其勳業豈止是哉？而後人不察，乃或謂公才智勇略差遜於忠武，則亦可謂不知類矣。銘曰：

峨嵯之原，有屹堂封。
云誰之葬？毅愍李公。
惟公忠勇，天實生之。
先躙北漠，次剪南夷。
公來在南，威聲燀赫。
奮厥餘勇，島酋喙息。
亦有同懷，武略超倫。

龜船入水，鯨鼉帖然。
英年偉略，讓公一頭。
分左右翼，體敵勢侔。
大鏖唐浦，木偶文繡。
層樓一碎，頑酋授首。
鐵裹綿包，方略猋發。
如車臨衝，疇敢我遏？
惟時天兵，下鉞青冥。
恃公一二，用震威名。
彼其之子，爲鬼爲蜮。
惎我全勝，嫌我勢敵。
如檜於岳，金牌遽宣。
長城一撤，誰靜蠻塵？
公保百口，墨衰復返。
讒言莫售，睊目載反。
於公何有？撼樹蚍蜉。
吾死吾義，苟活爲羞。
亂定百年，公議乃闡。
馬來之山，遺廟載建。
如睢雙廟，尙說許、張。
介胄卽事，笳鼓敲鏗。
惟玆遺墓，尙闕顯刻。
遺孫殫力，龜趺是植。
徵我銘辭，載彼牲石。

千秋志士，有淚沾臆。

禮曹參判金公神道碑銘【幷序○辛亥】

文敬公厚齋金先生醇德凝道，厚積而薄發，出處之正、言議之純卓然有俟百世而不惑者，故家庭紹述，莫出非賢。式至于故參判諱會淵字文通，躬修愷悌，操履方嚴，受正廟特達之知。策名上第，歷敭華顯，位至亞卿，而恭儉貞篤，細行必矜，確乎有林下模範，識者謂"先生積累之實，至公而益可驗"云。

記昔公屢臨岳麓，歷論斯文源委及儒者行休之宜，日將夕猶膝席娓娓，心服公好學忘貴，挽近世所未覩聞，感歎至今。而公嗣子郡守君屬以牲石之文，契誼鄭重，有不可終辭，按狀而敍之。曰：

惟金氏籍清風，始祖諱大猷，高麗門下侍中。入本朝有諱灌，戶曹參議贈左贊成。諱義之江原道觀察使，諱友曾策中廟靖國勳，贈兵曹判書淸平君。諱繼篤學惇行，事載《東儒師友錄》。諱忠伯以孝友贈戶曹參議，諱洙參奉贈吏曹判書。一傳至厚齋先生諱榦，道學爲世儒宗，贊善贈領議政，寔爲公高祖。曾祖諱泰魯贈吏曹判書。祖諱致垕讜言直節負望一世，慶尙道觀察使贈左贊成。考諱鍾正吏曹判書，妣贈貞敬夫人平山申氏贊善直菴公暻之女，內外毓德，以發於公。

公生於英廟庚午八月六日。幼英銳不羈，稍長檃括經術粹如也。中丙申生員試，及會圍以祖妣朞服未除，據禮不赴。及正廟嗣位，特命移赴來式，遂中會試。庚申春簡選儲宮僚屬，特除洗馬，旋移侍直、副率。四月王世子冊封，設慶科庭試，及坼榜公名在第十。上喜語考官曰“得人矣”。及入侍，天語溫諄曰：“此故重臣某之子。重臣以設院初春坊，後爲賓客，其子亦熟聞名行矣。今說書適有窠，擬入可也。”六月正廟禮陟，拜司憲府持平，啓曰：“臣陞六屬耳，郎銜故在，而持憲誥紙，書以大夫之階。夫朝廷資級本自有序，不可徒然濫加，晏然冒受。況風憲之任異於庶僚，豈敢自甘襲謬，仍爲遵冒之計哉?”參館錄拜弘文館校理。

純廟元年辛酉，上疏陳勉，略曰：“召公所謂‘自詒哲命’、朱子所云‘陛下盛際’，此正我殿下今日之事。踐位行禮，端本出治，光繼寧考盛德，其在于今。聖躬保護之方，非必安逸溫軟之謂也。嚴廬饋奠，哀毁得其中；朝筵晉接，肅雍得其中，一動一靜一號一令適宜得中，以上達天德，則保護一事無不在其中矣。”差嶺南京試官，竣事歸，物議翕然。

時有大婚沮撓之變出於不逞之徒。蓋正廟軫國本之重，已有簡在聖心者，而以三揀之未及行，乃有凶國害家之類蘗芽其間，事將有不可測者。公以疏以啓，苦心臚列，略曰：“昨伏承慈教下者，丁寧懇惻，亶出靖世道保世臣之苦心。而乃有樂禍之徒、不率教之人，情跡莫掩，伎倆畢露，爲一世所指目，而擧朝緘默，不敢指斥，臣竊痛之。噫！彼李象謙樊譎詭秘，躁進無厭，東西閃忽，昏夜出沒，將不知醸成甚事。當此鎭朝象靖世道之會，不可一日留置。請亟施竄配之典。”翌日下嚴教，竄公海南，九月特命放還。

又因辭職疏，請逆賊權裕亟施追律曰：“先大王於初揀日下教，若曰：‘定大婚於忠賢之門，甚是嘉悅。’及至再揀日，又命備諸儀衛，以示聖意堅定。彼輩雖甚不悅，然以我先大王日月之明、雷霆之威，不得售其奸而逞禍心。迨當龍馭賓天，肆發逆謀，爲敲撼本原、撓敗大議之計。嗚呼！此豈非平日北面於先朝者乎？聲討纔擧，鞫事旋輟，漫漶呑吐，端緖未覈，鬼誅先加，輿憤益切，豈可以未及結案，不施當律哉？”蓋公言議平允，不喜爲矯激過中之論，而獨於此嚴辭懲討，不遺餘力，識者知公秉執之正如此。

差史局校讎郎廳，拜宗簿寺正、副應敎。時有諸儒賢議謚之命，而狀中有指斥南溪之語。公以淵源所自，不可冒當，引嫌而免之。乙丑以貞純王后殯殿都廳勞陞通政，連拜承旨。遞拜安東府使，物衆地大，言議錯互。公一以誠信爲治，不置畛域，士民孚心，闔境咸頌。

戊辰除禮曹參議，旋拜大司諫。論李審度事，略曰：“苟欲臚陳，以明其罪，則辨說之際，反傷事面。”上優批奬之曰：“爾言皆是。予惟以先王心爲心而已。”五月拜吏曹參議，旋移禮曹。時將有通信使之行，曠久初擧，措畫經費，動生弊瘼，而嶺南伯難愼其人。左相金公載瓚以公廉平公正，排衆議首薦之。及到營，卽上箚備陳釐革之方，廉明綜覈，不令而威。在安東時，儒生有藉重朝令，私自揭板于明倫堂，以此得罪于府伯，而發文會道儒，必欲治疏詬辱公者。至是有墓訟於營下，鄕議謂彼嘗得罪於公，未必能克訟而歸。及來訟，公靡所芥滯，公聽幷觀，循理裁決。於是嶺人大服，擧嘖嘖言"非大人君子不能"。

通信事例營邑無見存，公誠心査究，又往復京司，略得其槪，而列邑支用之資，次第措辦，嚴禁無名斂貸，輒許貸南倉錢，以共濟焉。於是誅求不及於民，而一省晏如也。爲來後經遠之計，取營門別備錢，取息於列邑者，倣子母徵捧，得錢萬緡，作穀萬石。又請得濟民倉米二千石，作租六千石，又自備四千石，量郡邑大小及供費多寡，分俵取耗，逐年加殖，名之曰"信需穀"，啓聞于朝。後雖有東槎之役，不患無經用矣。

辛未臘月，有淸北潢池之警，兩西、畿湖之民扶携奔避，踰嶺下者甚多。公皆安接無失所，送親裨奔問京營，大臣亟許得方伯體。又疏請三稅、砲保布以錢代納，論覆廟堂，爲民不憚煩複，嶺民立碑頌惠。營用多謬規，如啓後加分、沿邑執錢等名色不一，罔不襲用，公獨不行之。其餘施措者，不可殫述。七月遞歸，爲明年賑資穀留於倉者數千包，爲營底防弊錢散於民者亦千緡。營屬有以治簿時漏財千餘鏹來告者，公笑曰："初旣見漏，今豈復取？"命分給各廳，嶺人傳誦不休。

乙亥擢嘉善階拜禮曹參判、副摠管、同知義禁府事、漢城左右尹、同知經筵事，兼帶承文提調，間復再除承旨。自是公聞望日隆，若將進用於廊廟訏謨之地，而杜門却掃，不事徵逐。旋患風痺，寢疾九朔，丁丑五月十一日，考終于正寢。朝野莫不嗟惜曰"賢大夫逝矣。"八月合窆于貞夫人楊州趙氏之墓，卽長湍府沙蘭洞丁坐原。夫人承旨昌逵女，判書榮進孫。治梱有度，公素貧而不以家事累心者，夫人之力也。生先公二年，歿先公一年。擧三男幷不育。系子東選今陝川郡守，一女適參判李道在。郡守男元性進士，女李純翼，餘幷幼。

公孝友天植，有至誠深愛，居癠不啓齒，哭諱致心齋。處昆季湛樂怡怡，而事伯氏如父，不敢以散容見。御家莊穆，而務以含忍，恥言人過失，見片善寸長，樂爲之造就。剸煩理劇，傍觀或至流汗，而神閑氣定，悠然若無事，疾遽而不變色，窘跲而不易步。周恤宗族，敦尋世舊，恒如不及，莅藩邑不設門禁，婚葬之賴以濟事者數十家。田園無所占，垣屋無所修。卓然樹立，而意無自多；困於積薪，而色絶幾微。塞兌息影，不獲世之滋垢。晩益寬和，而操執彌確，常兢兢乎保晩，不以窮通欣戚動其心。每愛月色，披襟散策，至夜闌不寐，蓋其心期爽朗，脫灑於名韁利絆故也。

神明內蘊，妙悟深造，爲文章，一掃摸擬蹈襲，下筆千言，自契於古作家規矱，詩如其文。有《曉雲樓集》十卷，曉雲樓卽公自號也。瀛館時撰《綱目故事》，擬進經筵，用資啓沃，且始《續編》而未卒業，又著《書史類編》，幷藏于家。

公承家學淵源，篤行淸修，超然無進取之念，而裒然一第，爲聖主所知遇，眷注彌隆，而未及進用，終不克丕鋪鴻藻，以應一世黼黻笙鏞之需，惜哉！惟保松柏後凋之節，勵氷蘗不滓之操，奮風霜之筆，視嶺海以戶庭，布陽春之化，奠一路於衽席，是可見公心之獨苦而遺贏于後昆者也。直弼老閣鉛槧，而竊感孝子之苦誠，且服平生之知照，遂力疾泚筆，繼之以銘曰：

淸風世家，積累者深。
篤生君子，栗玉精金。
反躬踐述，可久有親。
文苑理藪，心目俱臻。
射隼高墉，藏器俟辰。
正廟則哲，得人是喜。
遽抱弓劍，萬事其已。
追先報今，翊我沖王。
嘘吸風霆，時際蒼皇。
彼不逞者，爲鬼爲蜮。
沮我大婚，求我辛螫。
鵠立不移，抗言再三。
靑袍白簡，辭氣森嚴。
退然斂藏，緩步徐進。
永嘉之政，雅俗坐鎭。
交隣有事，廟簡其難。
一出膺命，全省賴安。
誅求不及，廚傳無嘖。
槎需措注，以縉以碩。
圖垂永遠，較若石畫。

西警扶携，奠接如歸。

親裨奔問，古之侯儀。

一節夷險，名實純粹。

君子鳴謙，用安素履。

默以成之，以自晦身。

原始要終，允矣完人。

崔崔蘭岡，幽宮有侐。

昭揭石章，我無愧色。

龜城府使贈兵曹判書全公神道碑銘【幷序】

天啓丁卯，建虜引叛賊姜弘立入寇。時龜城府使兼左營將全公諱尙毅死之。始公與平安兵使南以興、安州牧使金浚同陣于安州。南、金兩公守中營，公留陣百祥樓下。賊兵漸邇，公下令軍中曰："賊勢甚盛，而軍械告乏，愼勿虛發。"俄而賊以鐵騎長驅，公方整軍以待，有不待令而放丸者，立斬之，一軍讋肅。乃戢兵以示弱，賊勢益驕，馳突直抵城下。公於是令先鋒一時放砲，軍中鱗次繼放，砲聲振天，虜兵大壞，僵尸山積。遂乘勝大破之，賊兵披靡。平壤諸軍皆欲乘銳逐之，公止之曰："兵驕則敗，賊情難測，不可輕進。堅壁自守，隨時應變，是兵家之算也。"嚴整行伍，戒厥妄動。

翌日曉望賊兵籠郊絡野，自四方流入者，又不可勝數。我兵單弱，饔械俱罄。公雪涕誓衆，矢心立慬。於是南公冀少緩其鋒，與虜講和，公奮然責南公以大義，欲拔劍斬之，尋知南公之意不在於和乃止。連日督戰，忠義自勵，將士皆以死自誓，戰不旋踵。南公欲放火自焚，公止之曰："無益，徒增賊勢。待兵矢俱盡未晩也。"

南公及金公父子卒死於火。公收餘械灰燼中，召將士抆淚而言曰："兵食俱竭，後援不至，而中營已陷。天實爲之，奈爾將士何？爾等速出圖生，毋用踟躕。"官校裴尙增、白惟精不忍捨公，遲回不去。公大叱放出，獨挺立樓上，張弓射賊，一弦三矢，發無不中。賊矢如雨，中其左股，拔箭而鏃留在肌，拔佩刀給納矢貢生，剖肌出鏃，而連射之。日已晡，矢窮力盡，公望京師四拜，遂拔劍自刎，墜于樓下，卽正月十六日也。虜動色相語曰"忠臣之體，不可雜於衆尸之中"，瘞樓前立表而去，返葬于光州無等山酉坐。事聞贈兵曹判書，遣禮官致侑。肅宗甲子命旌其閭，配享于安州之愍忠祠，追享光州景烈祠。

公天安人，十濟功臣歡城府院君諱聶，其初祖也。入本朝有諱俱生光州牧使，寔公六代祖也。曾祖諱琬，祖諱漑參奉，考諱蓉贈承旨。公生于萬曆乙亥，癸卯中武科。配贈貞夫人平山申氏，墓祔。有三子伯元、仲元、季元。孫有恒、有成。

公提不敎之卒，當虎狼十萬之衆，形格勢禁，事無奈何，而出萬死不顧一生，斯已奇矣，而出謀發慮，罔不中窾，竟以身殉。曩哲云"慷慨殺身易，從容取義難"，公具此兩者，是所云"非死之難，處死之難"者也。是知殞節苟合其宜，義夫豈吝其殉，捐軀若得其所，烈士不愛其存，於乎懿哉！公早服詩禮，力治文辭，有零稿可傳世，“無不識字英雄”云者，詎不信哉？　公後孫光表、光魯、應八請不佞以牲石之文。不佞夙服公死綏之義，又感諸孫苦誠，遂爲之銘曰：

嗟嗟全公，南國之紀。
敦詩說禮，郤縠是似。
窮山讀兵，厲志弧矢。
發身韎韋，是爲君子。
建虜敗盟，寇我西陲。
長蛇封豕，其勢騤騤。
公握龜符，爲左營師。
兵食俱殲，無計可施。
公奮其勇，發謀出奇。
矢心殉國，克抗厥辭。
定計於鮮，衵革裹尸。
圭璧不碎，堅貞靡虧。
熊魚取舍，出自秉彜。
天地中間，立我大經。
應有精靈，化爲風霆。
掃盪腥氛，日月雙明。
褒寵有嘉，命秩斯隆。
有侐愍祠，幷祀三忠。
追侑烈廟，詢謀僉同。

牲牢伊碩，黍稷惟豐。
有來永世，崇報無窮。
有山無等，石戴螭首。
我銘深鐫，用垂不朽。

贈兵曹參判鈴原君尹公神道碑銘【幷序】

崇禎丙子，建虜入寇，仁祖播遷于南漢。時變出倉卒，國勢危急。坡平尹公汝任以尙州討捕使，聞亂痛哭，矢心殉國，以紫綃纏兩脛，將爲收骨之驗也。遂領鎭兵，倍道兼進。始白公善男與公居同郡生同年，是歲莅昌原。帥府兵至，公與白公灑涕共誓曰："此主辱臣死之日也。"偕造廣州之雙嶺。

時虜已分兵四出，截諸路勤王之師。公見賊氛甚惡而我勢甚弱，乃解鞍縱馬，示不旋踵。遂挺身步戰，彎弧射賊，矢不停弦，殪賊甚夥，以至決拾磨盡，五指俱墮。公自割衣裾，咋指血書"許身殉國，不得終孝"八字，付家僮曰："而歸告我老母。"遂不移步而絶，卽丁丑正月三日也。去其生戊子，爲四十八歲。是日白公亦手劍走虜陣，力竭而死，陪吏黃是憲又爲之從死。公家僮歸告母夫人，夫人見公血書，泣謂其婦曰："吾兒死矣，死得其所也。"後人收公屍於戰場，賊矢蝟集，洞其胸腹，見者壯而悲之。

事聞上震悼，追封公爲鈴原君，與白公幷贈兵曹參判，分告身一道而半之，分賜公與白公。肅廟嘗輦過雙嶺，親題詩云:“義魄歸何處，悲風嶺上吹。停車日欲暮，回首益凄其。”朝家幷施貤旌於黃是憲，而公與白公獨闕焉。肅[9]宗癸酉，宗伯因道啓奏曰:“丙、丁死義，莫盛於雙嶺，而今此兩臣俱在分憂之列，聞變勤王，同日殉身，當時事功咸有公私可據之蹟。其所崇奬，反不及從死之陪吏，不但爲朝家之闕典，宜有士林之餘憾，請施以綽楔之典。”上親閱《南漢日記》及公事，大加嘉奬，特許之。於是始旌公與白公閭曰忠臣之門。先是建祠于靑谷，幷享公父子及白公，世以比雎陽之雙廟焉。春曹又請公俎豆之所，香燭祭需，壹遵賜額院例，幷蠲公子孫徭役。

公字聖之，尹氏以高麗太師莘達爲鼻祖。在勝國文肅公諱瓘最著，事載于史。入本朝有諱承順鈴平君，生諱坤吏曹判書謚昭靖。昭靖之孫曰判敦寧坦，曾孫曰衡老兵曹判書鈴陽君，寔公高祖也。曾祖諱奎縣監，祖諱之孝以衛聖勳封坡興君贈判書。考諱纘龍蛇之役，扈駕龍灣，錄勳封坡陵君。坡陵公娶義城金氏生員齊參女，擧公。

生稟穎達，器度宏偉。性於孝，先意承順，侍湯衣不解帶，嘗糞以驗差劇，居憂疏食終三年。以親命登武科，拜宣傳官、訓鍊院僉正，踐歷內階，居官盡職。及除樂安郡守，御吏民寬猛互濟，一境賴焉。乙亥陞通政階，丙子莅鎭尙州營。配羅州羅氏判決事楔女，祔葬于公墓靑谷子坐之原。無子，子公弟汝仁子檄，檄僉樞。僉樞子曰尙泰，孫曰載生

9 肅 : 底本에는 “純”. 문맥을 살펴 수정.

員。生員有孫得大，得大三男，悳恒、悳煥、悳天。東鎭、性鎭，悳恒出；景鎭、商鎭，悳煥出；邦鎭，悳天出。

公提孤軍冒白刃，垂餌虎口，力抗强胡，卒乃殺身而成仁。夫忠義之性得於天而有於身，自聖哲至路人一也。然其能不喪而全之者尠矣。惟公所養旣正，其所成就若斯其卓犖，樹風聲於無窮，其有裨於世敎民彝者，詎有旣乎？陪吏從殉者，固有均賦之不昧，而亦有所興感於公，斯亦奇哉！昔人有云："赴君難，忠也；死王事，義也。死忠與義，亦何求哉？" 其公之謂乎！公後孫邦鎭摭拾公遺事謁銘。銘曰：

文肅于北，洞闢荒屯。
辟土服遠，淨滌胡塵。
胄胤承貽，功顯史文。
十一其人，赫世封君。
公又挺生，旂常之門。
揮斥八極，素志則存。
運値百六，皇輿敗轅。
杖劍勤王，千里星奔。
虜騎大搶，强弱不倫。
矢盡道窮，指折不伸。
事已無奈，惟有殉身。
血指爲書，遠報偏親。
判得頭顱，孟義孔仁。
白公、黃掾，三節同憧。

英靈欻吸，掃盪腥氛。
惜不逢時，繼業先春。
有屹碧城，有幽其墳。
有鬱晶氣，上薄蒼旻。
淵丘雖易，公名不湮。
我揭石章，用昭無垠。

右議政謚忠靖金公神道碑銘【幷序】

景廟辛丑，逆臣盜竊國柄，誣殺定策大臣金忠獻昌集、李忠文頤命、趙忠翼泰采、李忠愍健命，謀所以上逼東宮。臺臣朴公致遠論劾趙泰耉北門潛入之罪，群凶幷請鞫問朴公，以掩其蔑貞之跡。時則有領中樞府事金公宇杭以耆社元老，淹病家居，而同堂姻戚嫌公耋癃，左右彌縫，不欲使呈身露章，弋取顯禍。公自以三朝舊臣，義不敢緘口縮手，以癃廢自解。乃抗疏爭之曰："天地生物，聖人則之，罪在當死，必傅之生。況彼四大臣俱是先朝簡拔，以遺我殿下者，勤勞王室，亦已久矣。何忍置之死地，莫之恤乎？且鞫問言事之臣，前所未有，而殿下創行之。臣恐千載之下，以爲口實。"

既而逆閹尙儉等外內締結，阻貳極問寢之路，危逼罔極，至有出閤之敎。公又慷慨上箚曰："一二閹豎從中作俑，隔塞兩宮，使我東宮邸下不得問寢侍膳，危怖之機迫在呼吸。前代帝王家骨肉之變多由生於此輩之交構，處弱則傍伺陰挑，得勢則威脅力制，使父不得保其子，兄不得保其弟者，今古何限[10]？臣愚以爲不正此輩之罪，則東宮不得保其位，而宗社存亡，未可知也。請設鞫嚴問，得其情節。”末以慰安東宮之意，懇懇申復。

及壬寅春，賊臣一鏡首發私親追隆之論，廷議靡然。又有惎公以病不獻議者，公毅然曰：“此而不言，是負先王忘先后也。”遂扶坐口呼曰：“聖上至仁聖德，動遵先王。昨年鄕儒之疏，特下備忘，抑情制私，辭嚴義正。不意反經之論忽發於筵中，至請會議朝堂，是何擧也？今日追報誕育之道，祠仍舊貫，物從豐腆，以盡享祀之節可也。至於立祠建號，非臣之所敢聞。”於是時議鼎沸，群凶尤怠怺頖齡，詬斥無不至，公夷然不以爲意。未幾逆豎起大獄，申公銋椨棘絶海。掌令愼惟益構公以繼其後。公方束裝以待命，而乃以癸卯三月四日，考終于寢，嗚呼！豈非命哉？

公字濟仲，號甲峯，系出金海，以駕洛首露王爲鼻祖。入本朝有諱孝芬，官右正言，諱震孫副校理，諱永堅吏曹參判。至諱盡善，義禁府都事贈吏曹判書，卽公之曾祖。祖諱德承，司諫院獻納贈左贊成，考諱洪慶，青松府使贈領議政，妣安東金氏，承旨光爀之女，贈貞敬夫人，皆以公貴也。

公生于仁廟己丑六月十三日。幼有器度，學業夙就，中己酉司馬。乙卯與諸同志疏救尤菴宋文正公，自靖不就試

10 限：底本에는 “恨”.《承政院日記》景宗1年 12月 25日 및《陶谷集·議政府右議政金公諡狀》에 근거하여 수정.

者五年。辛酉登明經科，隷槐院陞典籍。出入諫·憲兩司、禮·兵二郎，常帶三字銜。時朝論橫潰，居臺閣者惟以朋比擠援爲事。公前後言事未或一涉黨論，惟眷眷於君德民隱。及丁卯羅良佐詆辱宋文正，語絶悖，公慨然曰："此斯文之變，不可不明白是非。"啓避之際，持論不苟，識者謂"得臺閣之體"。李文穆公䎘論事忤時輩，翻案被詆，上命鐫削。公以爲待士不當軀迫，欲繳還內旨，以僚議不合而遞，其不隨人軒輊者如此。參弘文錄，旋値己巳禍自免去，不與聞時事，而群奸用事，獮薙一時士流，以公曾營救李公，竄鐵山府，尋卽蒙宥。

辛未丁議政公憂，服闋而遇甲戌更化，首入侍講院爲司書，旋移弘文館爲修撰、校理。薦除東萊府使，以親年七十辭不赴。旋以輔德陪世子入學，陞通政，爲慶尙道觀察使，以前任人還仍不果赴，拜同副承旨。乞養除淮陽府使，殫心賑政，民無捐瘠，疏請蠲民布、宮結，一境賴安。

丁丑由承旨出爲全羅道觀察使，芟煩剸劇，案無滯牘。幕府疑其乘快致誤，追後細摘無一錯，乃大驚服。旋以微事辭遞歸，行橐蕭然，一路誦其淸白。屢拜承旨、大司諫，間爲工曹參議、五衛將。又乞養爲南陽府使，旋遭金夫人憂，服闋拜承旨、兵·刑參議、大司諫。時有北警，疏請申飭關防，團束卒伍，修繕器械。且言"淮陽在嶺脊，宜設防爲控禦圖，沿海守令差遣有識慮者"。

歷判決事擢拜開城留守。府俗重利殖貨，列肆居貨，官府輒以輕價抑配，多失業流散。公至痛革其弊，吏不敢上下手，遇有需用，以準直從事，敕路策應，不責支用於民，官自區劃以濟之。於是使价旁午，而民不知，人以爲百年來所未見。及解歸，號泣以送，爲立生祠以祭之。後公修築先墓，皆自願赴役，及公之葬，又不期齊集，相紼築版，至今爲楸鄉美談。

癸未爲都承旨、禮曹參判，轉吏曹參判，行親政，特宣法醞。後爲大司憲，因雷異疏陳時弊。後因崔啓翁疏斥申相公琓，上震怒詰問於前席，公疏言擧措過中。時朝論携貳，將相六卿三司史局皆一時被逐，朝著一空，特除公亞銓，以鎭安調劑。復拜大司成，時有場屋擧子疊錄查勘事，公疏論"道德齊禮，以盡訓迪之方，不可因一時妄作，幷驅罟擭"。因勉上以建極之治，無徒區區於法令，上嘉納之。

出按京畿，丙戌以特旨陞刑曹判書。時詞訟久曠，訴牒雲委，公逐日赴衙，積案如洗。旋拜戶曹判書，差備局有司堂上。己丑移判兵曹，建議築都城女墻。庚寅移判吏曹，時朝廷有小進退，年少士類競出圭角。公務持大體，注擬無偏。遞拜左參贊，差冬至正使，上以公病許免，蓋欲留公爲鎭安計也。及北咨至，有海賊警，公疏陳八條事宜，皆鑿鑿有經遠之識。兼南漢守禦使，以保障重地，軍儲疏虞，尺寸不妄費，庫藏遂充溢。旋命公監築北漢城，非公志也。

壬辰春，庭試試官李墪所爲多不善，陶谷李公以諫長疏論之，有按治之擧，而不甚明覈。公亦以此見罷，敍拜右參贊。癸巳七月，御筆特拜右議政，辭疏承優批，若曰："寬厚公平，允叶台司，爰立豈偶然？"公感激承命。奏減軍布代納之錢，論良役偏重之弊。甲午上候平復，有設宴飾慶之議。公進言“上下歡忭之日，宜念與民同樂，而良役之侵，民不堪命，請一年布各減一匹，以示德意”。諸大臣皆以經費爲言，公慨然泣下。人以爲酒悲，公亦不辨。李埅妻上言訟夫冤，公略有陳白，而言官相繼斥公，公自劾出江郊。上屢下奬諭，公辭益力，呈告至四十八得遞。

丙申因斯文事有處分，公上箚言：“士論之歧數十年，羅良佐誣人之言有可驚心，聖明不加之罪而反取其言，何以服人心而定是非乎？”丁酉上寢疾，命東宮代理，公箚陳羽翼調護之道。時議以代理告廟，非實錄所載疑之，竟從公言行之。庚子肅廟禮陟，景廟承宁。未幾臺臣李公廷熽疏請建儲，而公居僻病甚，未及聞也，旋即追疏引義。及四大臣相繼被禍，公始抗疏爭之。自此病劇求退，無意於世，竟以壽終。

上聞公疾革，遣御醫頒內劑，訃聞教曰：“金領府事以元老大臣，久住城外，方欲敦勉，期回遐心，何意一疾，奄忽長逝？震悼之極，涕淚沾襟。”命賜柩材，祿俸三年，又出御熙政堂擧哀。是時先朝舊臣幾盡一網，而獨公旣發危言，禍猶不及，哀榮之典曠絶今古，咸歎公惇德攸致云。五月禮葬于長湍松西面龍頭里亥坐，癸亥九月丙申改窆于同局子坐，從先兆也。英宗丙午賜謚，取“事君盡節”、“寬樂令終”兩法曰“忠靖”。三命錄後，又賜恩侑。

配貞敬夫人光山金氏，贈承旨世楨女，配德無違。生與公同年，歾先公六年，墓祔。擧二男五女：俊熙出後其世父；

彦熙牧使；女適留守宋正明、牧使李思悌、參判申光夏、郡守沈寶賢、郡守李著選。晩熙、允熙，側出也。長房男遠祚郡守，次房男基祚。宋正明子翼輔監司，李思悌子奎明、奎采參判。曾孫宅鉉主簿，玄孫濟萬縣令。餘不盡記。

公天資和厚誠慤，與物無競。儀容魁碩，聲音洪暢。城府坦蕩，喜怒不形，遇嘗塞進塗者，待之加厚，死生如一。內行純備，母夫人遘危癘，斫指進血獲再甦，卒享大耋。事伯氏如嚴父，割月俸周姊妹之貧，推諸族黨，務盡敦恤。好濟人之急，有告輒應，如輟杯水，終無厭苦色。素性恬儉，官位崇高，而自奉菲薄，戒飭子女，不服華靡。置第窮僻，公退角巾道服，逍遙自適，蕭然有山澤之趣。避遠權勢，靜默自守，而作事愼重，爲經遠圖，不求赫譽。

口不設雌黃，人莫測其涯岸，然關國家大計、斯文是非，必抗言不諱。逮建儲之日，屛居晩聞，不克幷武於四大臣庭籲，是爲公所痛恨，而引咎自靖，箚救四忠，語婉而意切，有以感通宸聽。及夫震邸危疑之際，力討賊臣阻隔之罪，儲位得以鞏固。追隆獻議，義嚴詞正，足使亂賊知懼，殆所謂"既知所終，則力進而終之，守之在後，故可與存義"者，於乎懿哉!

公五世孫元植送子顯政，謁麗牲之文。直弼生晩而識謏，曷敢溯究泚記，妄論公平生？而夙服公晩年秉執，磊落直截，有辭於天下萬世，非直爲元祐完人也。銘曰：

肅考在宥，曰有藎臣。

猗歟忠靖，克致其身。
歷敭中外，望實俱孚。
受遇于巷，致位公孤。
寬厚公平，惟汝其俞。
自在列卿，寔管機樞。
苟利王國，詎敢愛軀？
若有顚連，恫瘝切膚。
良役偏苦，謂必可更。
涕泣籲閽，流出血誠。
時値海警，請修都城。
蕩春之築，苦口是爭。
陰雨綢繆，慮遠志宏。
景、英授受，地緯天經。
彼凶不逞，乘機否傾。
外諱嘗藥，內圖叵測。
嗚呼曷其？爲鬼爲蜮。
四忠庭籲，儲位賴安。
公屛山樊，晩聞涕潸。
重陰蔽日，阻我兩宮。
脫屣之志，感泣旻穹。
載發機牙，群凶遞魄。
一箚炳烺，琅玕披腹。
老成迸逐，寒竹先之。
公殿其後，嶺海自期。

不疑其行，公遽乘箕。
悖論闖發，追隆私親。
公獨秉正，拚死盡言。
名義不墜，永扶彝倫。
原始要終，身名俱完。
歸拜明陵，庶無媿顏。
本之則存，孝悌爲仁。
家邦必達，展也孚尹。
龍頭之麓，有儼象設。
豐碑紀善，昭揭大節。
永世不泐，待良史筆。

右議政諡文憲閔公神道碑銘【并序】

嗚呼！當辛壬斬伐之餘，是非忠逆較然明著，而一種私議回互反覆，脅持疑眩，藉《洪範》之建極蕩平，以文其姦。時則有若丹巖閔文忠公進袖箚，辨別昭揭，如鏡之照妖、鼎之象姦。繼而有文忠從兄之子梧軒文憲公諱應洙，進立臺閣，以疏以啓，剔發餘蘊，其於鋤幽姦而章大義，殆無毫髮遺憾。識者謂"微文憲，文忠之旨不暢，有以倡始繼述於一門之內"。古人謂"不有君子，其何能國"者，於二公見之矣。

公字聲甫，系出高麗尙衣奉御諱稱道，世籍黃驪。至大提學諱愉，當麗季辛旽亂，屛居自靖，入我朝，有諱審言，擧賢良官留守，及光廟受禪，徵不起，此閔氏名節所自始。至諱粹，正郎贈判書，諱龜孫，典籍贈贊成，俱有師友淵源。高祖諱機，府尹贈領議政，値丁丑講和，棄官辭世。曾祖諱光勳觀察使，祖諱蓍重大司憲，考諱鎭周吏曹判書，三世俱有潛德懿行，幷贈元輔。妣延日鄭氏，贈贊成尙徵女，以仁祖[11]甲子五月十一日擧公。

庚寅魁司馬，甲午以泮任倡多士，辨尤菴宋先生誣。乙未除恭陵參奉，移翊衛司侍直，陞主簿、正郎。壬寅士禍作，棄官歸鄕。乙巳英廟登極，復拜正郎，除錦山郡守不赴。十月擢增廣文科，除禮曹正郎，移司諫院正言。時辛壬凶黨纔退旋進，上意務在調停，公連發賊臣鳳輝等五人懲治之啓。

丙午拜司書移正言。時趙顯命以縣令，疏請設禁諱疾，托言爲先王辨誣。公慨然曰："顯命疏言'顚覆成憲，戕殺賢士夫'，先王無顚覆、戕殺之事。擅自爲者，群小也，今反欲歸之於先王。且旣以'爲天下得人'，稱頌大行，則贊當日建儲之策者，何不爲之憫惜乎？沮當日建儲之策，使殿下受誣罔極者，何不爲之痛嫉乎？且其言曰：'如人父沒之後，豪奴悍僕歷擧病謬，於子心安乎？'噫！人或不幸有疾，事違本情，則辨說於鄕黨州閭，以明由疾病而非本性，相愛者且然，況爲子者乎？不忍提一病字，而使本情不暴者，爲孝乎？況所引宋后事，尤所駭憤。我先王盛德未曾有一毫疑似，而今因護掩翳濁亂者罪，至譬於失德之宋朝。臣竊觀前

11 仁祖 :《承政院日記》등 기타 사료에 근거할 때 "肅宗"인 듯함.

後筵敎，妖儉作俑、群兇簸弄之狀，固已洞燭，而特以惻怛之聖心，動於脅持之危言，一言提起，或恐貽慼先王，則惟彼負累求脫之徒，譸張爲說，敢售嫁禍之心，請設禁條，爲疑亂百世之計，臣之所痛心者此也。”

夏拜獻納，上章曰：“國家設臺閣，將以用言也。今乃專事臆逆，或疑其辟於賤惡，偏於低仰，每不免隨事觸激。而居臺閣者俛首承睫，一遵處分。噫！臺閣，乃殿下之耳目；士論，卽國家之元氣。而疑之拒之，自閉其耳目，摧之折之，自斲其元氣，只欲以爵祿驅使臺閣，科目聳動多士，殿下所以勵世磨鈍，豈不顚倒乎？”移司諫，陳戒曰：“殿下卽阼以來，多以言獲譴之人，每於本事外，刱出別義，掩覆而文飾之，在廷臣僚惶惑顚倒，自相救過之不暇。卽此以論，殿下治心爲學，尙有未得其道而然也。”前後陳勉，多出於親切誠懇，非一時就事論事而止者。

時領相鄭公澔上疏論事，上以喜事起鬧爲敎。公疏言：“所執者大義，所討者亂賊，則其事也，天討之嚴；其剛也，義理之勇。政宜奬許，以勵世道，何必喜事過剛之憂乎？”丁未入堂錄爲校理。七月因三司請對，上下大處分，是謂丁未進退。以曾參請對坐罷，歸驪江。

戊申聞逆變，蒼黃入城，金公在魯以湖西按撫，辟公爲從事，協贊軍務。一夜喊聲起陣中，一軍驚擾失次，公指揮整暇，賴以鎭安。後賊徒就捕，納供言“賊徒元普潛欲乘夜作變，而陣內紀律甚嚴，不得如計”云。四月擢東萊府使，時本府有料販謬例，商譯從中射利，館倭亦有隳突之漸。公單車赴任，嚴奸防申舊約，賴以無事。事定呈備局乞遞，狀言“忠逆倒置，義不可仍冒”。己酉得遞，旋拜忠淸道觀察使，引義辭遞。

庚戌拜全羅道觀察使，上疏辭言：“向時請討之人，勿論死生，官秩依舊，哀榮備至。彼則不替眷遇，臣復特施簡擢。殿下旣未嘗建立大本，明定國論，徒以掩護假借爲務。是非之乖舛如此，臣將何以憑藉威靈，以盡承流宣化之責乎？”上以挾雜舊習爲敎。公欲以力辭獲罪爲期，丹巖公以帶罪往役，移書勸赴，遂出膺。屛貪吏抑土豪，櫛蟄民瘼，而廟堂多操切之，竟以微事啓罷，敍拜副提學。

辛亥擢嘉善，秋拜忠淸道觀察使。時遷奉長陵，上特使公奉審梓宮，公以情勢不克膺命，下嚴敎，移補竹山府使。冬又移拜江華留守，又如前難進。上曰：“閔某果有難進，湖南何以往乎？雖無閔某，朝廷豈無人？”出補鍾城府使，因諸臣言寢之。夏差監賑堂上，秋拜冬至副使，銜命出疆。

甲寅以回咨有謾語命削職，敍爲漢城左尹，旋拜慶尙道觀察使。時以兩大臣伸雪事，參搢紳疏，正言李載厚對疏侵斥，公連章祈免，上敦迫不已。乙卯春赴任，慨營下無城堞，節縮冗費，不煩人力而功告訖，斥其餘貲，設倉儲穀。念良役之爲民害，查括隱漏，革罷冒屬，簽補代充，以除黃白族隣之徵，減陳田結、白地歲納。疏薦道內才行士數十人及戊申倡義忠節卓異者，請奬拔以樹風聲。

丙辰移刑曹參判，擢兵曹判書，連章控辭，上以親鞫侍衛不備，荐降嚴旨，不獲已入肅帳殿。秋嶺南人金聖鐸疏辨其師李玄逸事，語犯先王后，上命親鞫。一邊人右聖鐸，仍斥兩大臣伸雪之論，公疏論營護逸、鐸，仇視建儲大臣，爲無人臣禮。蓋兩大臣伸雪，爲一世大諱，而公登筵反復辨論，自上酬答溫諄，幾乎準請。

一邊人大驚懼，嗾副校理金光世疏斥之，右參贊尹惠教等聯疏譏斥，以公疏中"仇視建儲"一句爲案。公詣金吾胥命，上疏曰："辛丑諸臣聯請代理之事，雖曰昭雪，尙在半伸半屈之間。筵席略陳，妄觸時諱，糜爛之禍迫在朝夕。且況彼聖鐸干犯何如，而群起共護，至引不相干之事，參互對擧，更襲已巳餘論，駭浪層起，關繫至重。此時官職去就，非所可論。"

時上因事不豫，減膳避殿，以示貶損。而公時兼藥院，不得承召，因嚴敎不獲已詣闕請診。上又命罷職曰："近日事皆此人主張。"蓋自聖鐸疏後，廷中言議崢嶸，上疑皆公所助成，而以公持論過峻，每晉接群臣，語及時事，則必令公先出，蓋慮有過激之論也。未幾敍復本、兼諸職[12]，公遂乞暇省掃，仍尋鄕廬。

戊午客使至，以特旨差遠接使。前此淸使入境，則使譯員取謄勅文，先聞于朝，至是勅函空虛，蓋彼欲因是生梗索賂也。公設方略胠篋得之，用準故事，淸使大慚服，以爲國有人矣。道拜平安道觀察使，竣使事到營，申敎條誘掖襟紳，給財力繕修校院，勅軍械閱武藝，築廢坊，設養老宴，

12 職：底本에는"識". 문맥에 근거하여 수정.

行鄉飮禮。節用度減逋欠，臨遞筦庫充溢。遂以數萬緡付各邑勅庫，使之滋息支用。及遞歸，西人摹像立祠。

歷刑曹判書、漢城判尹、大司憲、禮曹判書，常帶經筵、備局銜。時三司更發懲討啓，上震怒有非常之敎，諸臣相率請對于東朝。上叱中使不敢入奏，公厲聲責中使慢蹇，遂奉諺敎獲寢前旨，蓋公膽力氣概能辨大事者如此。時廟議請上當宁尊號，公獨不參籲班，上疏引咎曰："伏覩庭籲之批，見殿下撝謙之意，臣不勝欽仰。臣顧不能早效一言，仰贊謙光，亦臣之罪也。"

公之秉銓也，倣枳一邊人之參涉凶論者，時相有咆喝於廟堂，招政吏分付檢擬，公終不撓。時相入對言："自經非常之擧，彼此幾致寅協，而吏判枳人太偏，何可望蕩平之治乎?"公疏陳不得不然之由，特命許遞，旋拜右參贊、禮曹判書。入侍講席，上曰："先朝倚任先卿，予以先朝之心任卿，而卿每自阻何也?"公涕泣對曰："臣以世臣生逢聖明，非敢自阻。而近來諸臣迭奏革心寅協之說，臣則謂義理之爭關繫莫重，而必欲使邪正不分、是非不辨。夫皇王建極之治亦不過曰公而已，人君聽言之道只當觀其事之當否，不當問其人之標榜也。殿下欲成蕩平之治，而薰蕕氷炭，必令幷進，不問情實，惟事督迫。君命雖嚴，數百年所培養廉隅氣節，豈可一朝拚棄，而以趨走爲恭，以負吾君禮使之意乎?"退而上疏請省墓不許，上意蓋慮其長往也。

辛酉復拜吏曹判書，出城外連疏請譴，因下敎隆摯，承命入侍。力陳："今日時象義理不明，作一汨董世界，與《洪範》建極之旨，大相乖盭。夫正是非公好惡，然後自可無偏陂反側之患矣。” 時廟議以銓郎權重，有變通之論。公曰：“銓官主政柄，任重責大，極擇郎官，使主通塞。祖宗定制，其意不偶。若使銓權盡歸首堂，則不幸有濁亂之臣，隨意低昂，將何以防其弊乎？” 上震怒，公引義請退，三疏不進。

未幾拜藝文提學。時御製大訓，將告廟頒行，命公撰教文，蓋上之製大訓也，元景夏請火辛壬獄案。公力言不可曰：“此獄所誣逼，至及不敢言之地。若火而滅之，疑惑將滋甚。” 後於賓對，上欲許兩大臣昭雪之請，而其中若干人，別作一案以置之。下詢諸臣，皆以爲可，公獨曰：“旣曰誣案，則當倂昭雪，豈可復區別於其間乎？”

時西北、關東大饑，饑民坌集京師，公承命監賑。廟議建言奏請通用清錢，公執不可曰：“我國自有錢幣，未嘗沾漑於他國。皇朝雖處以內服，曾未有此議，況今欲稟命於彼乎？” 特從公議。秋拜吏曹判書。及都政，有人言公姻婭子弟有末擬於齋郎者，欲因以擠陷，譏斥備至。公上疏引咎，而廟堂有言：“閔某謹愼，故擬止下望。我國用人，多取名家，若以姻婭而棄之，則將何以擧其所知乎？” 公自此連違召命，癸亥蒙遞還拜。蓋上必欲委任，至責相臣不事寅協，而公辭遞乃已。甲子復拜吏判。持平李師祚疏論新通之純用三望，詆以政注太偏，公力辭不出。時前正言李彦世疏斥時相。上以公卽彦世通望時銓官，特擧張新豐故事，初除淸州牧使，旋移驪州。

乙丑內移判尹，兼籌司、惠局、平市提調。公仍寓楸下，屢被催召，因嚴教惶恐入城。時吏判朴公弼周造朝，進袖箚請辨君誣，趙顯命、朴文秀相繼斥之，公於是留疏徑還。八月拜判敦寧、戶曹判書。時天眷益隆，必欲招致，而公終不起。又教曰“今則處義已伸，無可執者”，蓋纔從鳳輝等追削之啓，而有是教也。進詣中途，陳疏請譴，荐承嚴教入城。

十一月進拜右議政，三上疏辭，批旨益隆，承命入侍。極陳調停之弊曰：“殿下當辛壬斬伐之後，專以調劑保合爲務，不究建極之本而徑責其效，不辨義理之源而惟事彌縫，以致朝象睽乖，風習卑下，都無是非之據，只爭利害之私。惟願洞開言路，屈己容受，惟看事之是非而處之，實爲鎭鬧之道。”因請招徠儒賢，放前後以言獲罪者，規戒懇懇，上幷嘉納。

已而因僚相爭執，五上箚乞退。上行禮皇壇，以公不參班，下御詩以示意。六月三司請討光佐、泰億之罪，上又震怒，倂令罷削。公上疏曰：“一脉正論尚未全消，有若石壓而筍出，輿情久鬱，此亦可見。今乃不少舒究，每以不敢聞之教，摧壓抑制，使不得復言。至於洪曙、南德老之特命削職，不問是非本末，只欲區別色目。噫！爲君父討亂逆，豈有南北之異哉？惟願亟收諸臣罷削之命，幷寢前後未安之教。”上嚴批峻責，因命罷職。敍拜判中樞府事，再遣承宣敦勉，召旨絡繹，深示悔悟。又不許藥院入診曰：“待都相造朝。”以此診候停廢者屢月。又下教責之以君疾臣嘗之義，公進伏城外請罪，仍承命還朝。

冬因鞫囚李泰文書中有論公去就者，　時相箚請嚴覈。公以事涉嫌疑，不可終默，乃上箚自列，以待處分。憲臣沈墢疏斥，以爲“大臣首實，異於傳說”，蓋其意欲以李囚擬書，爲公所自爲也。僚相奏曰：“臣見其筆跡，明是泰之自書也。”公胥命金吾，陳疏徑還。上遣承旨敦勉，而臺臣又陳疏譏斥。上曰：“閔相無勢，故論列至此，其意安在？欲沮其重入之路耶？”時上方眷念公，恩教屢勤，而鼎席方缺，則一隊時流有屬望者，乃使發譏斥之疏以沮之也。上連下別諭，仍命偕來。公以嘗藥體重，黽勉造朝，而凡於廟謨詢問，一切不與，惟於辛壬大義，確守前論而已。

庚午上俯詢良役變通便否，公只以割肉充飢，窒礙難便，略有條對而已。七月二十五日，易簀于皇華坊寓舍，享年六十七。訃聞，上震悼輟朝，隱卒有加。十月二十六日，禮葬于驪州尙文洞庚坐。夫人楊州趙氏，大司憲諱泰東之女，有女士稱。先公六年甲子八月二日卒，葬于利川可坐谷酉坐。二男，大司諫百行、承旨百昌。百行取百昌子正郎濟烈爲後。百昌繼子，命爀判書。濟烈又無嗣，取命爀子監察致殷爲後。命爀子，致文參判。致殷子，世鎬、德鎬敎官。致文子，達鏞參奉、逑鏞進士。餘不盡記。

嗚呼！公當英廟大有爲之日，正色立朝，持論淸峻。及調停之論作，而忠邪渾淆，詭隨而求全者，踵接而肩比，釀成戊申、乙亥之禍。公每先事而豫爲之防，由是黨人仄目，屢加擠陷。公獨嶷然不動，如泰山、喬嶽，上以際會彌篤，下以望實俱隆，粹然爲元祐完人。雖不以學問自命，而倫彝之篤摯、事爲之公正，優可與文忠、文貞合傳而幷名，則後之尙論者，必將有感於百世。若乃家狀所記居家懿行，皆可如歐陽之敍范公，先大節而略細行云。銘曰：

憲憲閔公，世有令德。
胚胎前光，禮義維則。
揚于王庭，元陵初服。
忠邪渾淪，强名建極。
疇倡此論？憸人反覆。
乘時射利，不念邦國。
聖人大公，一視咸育。
冠帶鱗介，庭衢胡貊。
豚魚未孚，鬼蜮潛射。
方命殄行，尙稽流殛。
公於是時，廊廟柱石。
乍躓乍起，壹是謇諤。
章奏悃款，遠猷辰告。
不安于朝，出鎭藩閫。
嶺、湖奠安，萊、灣重譯。
大人威敬，奚試不適。
屹彼文陛，有几者舃。
庶幾施措，副厥加額。
異趣紛紛，乘機逞毒。
上獨知公，群疑頓釋。

注意秉成，天奪胡速？
究厥抱負，十未一暴。
存沒哀榮，以承以錫。
崔崔文岡，侐侐幽宅。
我作銘詩，昭揭千億。

參判贈吏曹判書雙壺堂李公神道碑銘【幷序】

嗚呼！國朝重淸白吏薦選之法，蓋將風勵一世，俾斯民蒙惠鮮之澤，甚盛典也。昔在肅廟戊辰，相臣閔公鎭長、李公濡、李公畬、金公昌集、趙公泰采、李公頤命後先建白筵中曰："故參判臣李端錫淸白苦節，同朝諸臣所共稱歎，而貧不能喪，妻子無以爲生。屢經藩閫，位至亞卿，而空乏若玆，其氷蘗之操，宜賜褒彰。"上特命有司，依原廩幷綿麻布，限十年輸給。後又因李公濡·權公尙游口啓、臺臣柳泰明疏達，命優恤其家，而後二十一年，禮判洪公受𨯶筵白請錄孤，至英廟乙巳，獻納蔡膺福亦上疏申請。丙午又追奬廉節，特贈公吏曹判書、大提學，於乎盛矣！崇報之典、享用之澤，兩可以無憾，此詎但爲公一家之榮而已哉？

公字有初，號雙壺堂。李氏系出成宗別子景明君諱忱次子安南君諱壽錬，於公爲五世祖。高祖錦川君諱俌，曾祖昌原正諱世義，皆以賢宗英稱。祖諱生寅，進士號松坡，能文章。考諱齊衡，文科執義，以淸儉治靈光郡，爲髦士所追墓，與公幷妥享于長川書院。後以公貴贈兩世左承旨、吏曹參判，兼銜如例。妣宜寧南氏，直長斗明女，贈貞夫人。

公生于天啓三[13]年乙丑正月一日。幼穎秀好讀書。及長詞翰敏贍，中孝廟庚寅司馬，顯廟庚子，大闡隷槐院。辛丑選入堂后，壬寅以正言論贓吏不可貸，拜兵曹郎，連帶知製教。旋入諫院，論軍丁隣族切骨之弊。冬以書狀官赴燕，不以一物自累。復命拜持平。先是己亥有禮訟，蓋孝宗大王以次適承統，及昇遐，兩宋先正議大妃服制，據《禮經》"次子朞年"，及皇朝禮與國制，皆鑿鑿無餘疑。而尹鑴、尹善道等倡爲"卑主貳宗"之說，爲嫁禍網打之計，餘論沸沸未已。公倡同僚，辨明其不然。

時牛、栗兩先生被誣罔極，有儒生權大時疏辨，語觸時諱，致上激惱，至鞫訊禍不測。公啓曰："拿鞫疏儒，列朝所未有，況憂災求言之日乎？"後又論李柚疏救海伯拿推事曰："李尙逸不過做錯之失，而況李柚之隨事盡言，乃臺諫之職乎？大聖人喜怒中節，有不當如此。"凡五啓爭不已，輿論韙之。

時有安秋元被擄，自彼中逃還，彼以違約責罰金。時議欲彌縫，遣許積納罰鍰如其言。尤庵先生憤諸人占便宜，辱及上躬，疏陳蹈海抱木之志，因欲自靖，而臺閣繼之，行遣相望。公拜正言，引避請與諸臣同罪。又有嶺南人黃壖疏誣兩宋叵測。公疏言："其所論多屬機密，搢紳之間，猶有

13 三：《承政院日記》등 기타 사료에 근거할 때 "五"인 듯함.

未知者。壖以遠人，從何得聞？必有主張者，匿影陰授，以售傾軋之計耳。諉以疏儒，置之不問，何以杜方來之弊？”後又論原襄道被災蠲稅減役，議格不行。

出爲江陵府使，以正言召還。時有公主第宅踰制之事、安興島設倉立異之論、李元禎子科試用情之罪，皆爲言官所發，而廷議扶抑不公，公逐一論啓。又論“嶺南貿鹽興販，爲與民爭利”及“海西貢米漕納者，內司吏胥需索刁蹬”之弊，若此類多不勝記。而金公萬重、李公選、李公翻皆論事被嚴旨，相繼竄逐，公上章言：“經幄之臣，言事無隱，一言不契，乃反億逆而罪之，聽聞駭惑，言路杜塞。至於張應一藉托山陵，售其嫁禍之計，李選之言乃國人之言。殿下不思優容，而摘疵成罪，有若移怒者然，非平心順應之道。至於閔鼎重病不能還朝，及緬禮，力疾登道，後時無及，陳疏自列其癃病之狀，而殿下不究情實，勒加譴責。惟此四人，罪非其罪，幷請亟收成命。”前後所論，皆時議所不可，而公謇諤自勵，不避忌諱如此。

已而陞通政拜同副承旨，歷諸曹參議。甲寅仁宣[14]王后薨，議莊烈大妃當服大功，嶺人都愼徵掇拾鑴、穆緖論，疏斥誤禮之失。三公以下會賓廳，以四種禮說，措辭以啓，上遽下備忘記，禮官以下幷拿問定罪曰“領相金壽興倡爲‘體而不正’之說，罪不可赦”，命施付處之典。公以承旨進言；“此不過條陳長衆之別，豈或薄君親而然？遽加譴罰，恐非禮

14 仁宣：底本에는 “明聖”. 문맥과 기타 사료에 근거하여 수정.

使之道。”上命削出公職。

逮肅廟進用一番人，公不敢復廁於朝。乙卯出牧楊州，未一朞移長湍府使，丁巳拜廣州府尹，俱三輔重地，素稱難治，剸煩理劇，威惠大行。戊午拜慶尙監司，黜贓汚吏，一方風動，留俸廩備一道緩急。庚申陞嘉善，以別使使燕。還拜全羅監司，辭不赴，旋拜成川府使。廷臣以公有文武才，薦拜關北兵馬節度使，申嚴邊禁，整頓營務，儼然有北門鎖鑰之重。甲子拜忠淸監司，乙丑移咸鏡監司。所至筦庫充積，宿弊如洗。秩滿還朝，踐歷亞卿諸職。丁卯以微事遭臺言，蓋以公言議峻正，積忤時輩而然也。

銓曹擬公羅州牧，上曰：“以李某才望不下他人，而銓曹一不擬京職，擬此又何也?”命勿施。自是上知日隆，佇望登庸，而公遽以戊辰六月一日，卒于京第，襟紳輿儓莫不痛矗。南相九萬啓言：“李某淸白苦節，人所難及。屢經藩任，淸貧益甚，病無以療治，喪無以斂形。宜特命有司，另加賻恤。”以其年月日，葬于楊州之松山卯坐，從先兆也。

公前配全義李氏，縣令有源女無子。繼配靑松沈氏，參奉之瀛女，生二子：曰克淵，參奉；曰復淵，武科統制使。女三人：適趙以綱、張夏顯者，李氏出；適南宮澤者，沈氏出也。克淵繼子頤秀，女洪聖益，庶子台秀僉使。復淵男蕡秀，女趙溆、趙重弼。應爀、周爀皆兵使，泰爀進士，蕡秀出。泰爀出爲頤秀後。忠爀、允爀，台秀出。文範、李和慶，趙以綱子女。判書鵬翼·直長龍翼、趙文範·兪彦璧，張夏顯子女。南宮澤男栻、權，壻李得中、尹得慶判官、崔道興。曾玄以下不錄。

嗚呼！公忠孝廉潔，得於天賦，不假修爲，自準繩尺。在臺閣著直截之操，任藩屛殫撫孽之勞。生逢盛際，聞望隆赫，禮奬曠絶，而淸白以遺後，餘慶有未艾者，又何必以目前榮枯，有所欣慽哉？公後孫鍾直從余遊，謁牲石之文，誠懇篤摯。直弼老閣筆硯，而竊有曠感者存，謹爲之銘曰：

聖朝家法，敦尙孝廉。
載彰載癉，憲律森嚴。
淸白之後，奬以推恩。
凡今顯列，類厥嗣昆。
如公苦節，曠古希有。
我撮其大，始終可究。
吮癰割股，親疾乃蘇。
移孝爲忠，辰告訏謨。
惟時國步，溢目橫流。
梢副袖手，一葦沉浮。
公奮其間，國耳公耳。
禮訟旣興，黨議伊始。
角立朋分，夔·契、共·驩。
何伐何黨？利義攸關。
錯節盤根，利器在手。
讓夷急病，去就無苟。
函匭陸續，符鉞聯翩。

于南于北，德威是宣。
璽書增秩，氷蘗留名。
爰有遺祠，永樹風聲。
賢孫徵刻，昭揭章程。
欝欝松岡，有屹豐碑。
凡百君子，式瞻在玆。

觀察使姜公神道碑銘【幷序】

嗚呼！士大夫出處關世教汚隆。然知進而不知退，罔知廉防之重。若故觀察使姜公，其殆窮不失義，達不離道，得己而不失望之君子人歟！公諱潤字德以，姜氏系出晉州。始祖諱以式，以高句麗都元帥，始顯東史。至恭默公諱蓍，麗末抗節不屈。入我朝有諱瀓，燕山朝疏論打圍、移刹，投配樂安郡，會中廟改玉得釋焉。歷正言諱億、應教諱德瑞，至潛隱公諱恰，當仁祖朝，痛中州陸沈，我東忍痛含寃之義，莫白於天下也，遯于太白山中，孝廟御極，厲志復雪，始出仕，官至山陰縣監，寔爲公高祖。曾祖諱戩，祖諱再昌，兩世俱早沒，考諱履一，三世以公貴贈職：曰司僕寺正，曰吏曹參議，曰吏曹參判。

公生而孝友天得。幼進指血，以療親疾，九歲而孤，奉母夫人，食貧力學。丁卯登明經第，隷槐院，連除別檢，或就或否。戊寅例陞六品，移禮曹佐郎，前此官典籍。吏曹以通訓書告身，公以資階當循年格論覆，還朝散階。己卯拜持平，以母老陳情不就。後因辭疏陳嶺南糶糴之弊。

辛巳辭掌令疏，略曰："古先哲王，睿知天縱，而必以講學爲急。朱子於孝、寧兩朝之召，連進二箚，於君人講學之術，提挈綱要。臣願於淸燕之暇，就《大全》中表章此二箚，講而習之。至於推行之序，帝王之孝，雖與匹庶不同，若其定省寢膳庸行之常，亦未嘗少忽。日三朝之禮，文王行之，武王率之，而記禮者取以名篇，以至漢祖納家令之說、唐宗受李唐之諷。宋寧宗南內過宮之禮，朱子便殿奏事、留身面陳，每以是申申焉。竊惟今日之事，與宋朝不類。代攝宗社之重，任大責丕。故不欲更勞於定省寢膳庸行之常，特許省略於晨昏之節。然中外傳聞，易致愚惑，輒敢以朱子之箚，節略以獻焉。"

旋除侍講院弼善，時書筵方講復卦。公因辭疏附進曰："復之爲卦，陰克陽，反以人事，則本心幾息而善端復還也。上六'迷復'、六三'頻復'，是屢復屢失，不能保有其復者也。六二、六四則是舍己從人而能復乎善者也。六五則以中道自復，敦篤而不移者也。初九則能改過於未形，不遠而便復者。故吾夫子於《繫辭》，以顏子當之。伏惟我邸下以不遠復明睿之姿，於六五'敦復'，深加觀玩，敦篤自考，確守不變，而又參以二、四'舍從以復'之義自勉焉。古哲后如太甲、成王，皆由是道而克成令譽矣。"十月辭掌令。時進見禮行於許久曠廢之餘，乃疏申將順之義，首引《孝經》、《禮記》，極言孝理之大，繼陳講學所以充擴是心者，累數百言，前後疏多未上徹，識者恨之。

至壬午五月，辭掌令疏末曰：“伏願邸下上念祖宗艱大之業，下貽子孫嗣守之基。四百年宗社不輕而重，數千里民物不少而多。以是而思益懋遠圖，書筵之講，已勤而益勤；日三之朝，已摯而益摯。此實臣惓惓忠愛，之死靡他之血念也。”

七月除殷山縣監不赴。公家貧親老，宜若一就，而不肯苟，蓋權度精微，非人所知也。十一月除世孫侍講院弼善，以親癠上辭疏，承溫批。未幾丁憂，時公已踰五旬，而持制一遵禮律，三年不脫絰帶，餰疏不肉。

乙酉服闋，尤絶意榮途，除修撰、弼善、校理，幷不就。七月以特旨授校理，若曰：“姜潤欲一見久矣，其令斯速乘馹上來。”後除執義，又賜疏批曰：“一欲見焉，其勿過辭。”自是有擬輒點。

壬辰七月，上有激惱事，有在外侍從一倂曳來之教。公附陳辭疏曰：“君使臣以禮，臣事君以忠。臣雖不能以忠事君，君之使臣，不必以是而不以禮。朱夫子嘗以奴詬大臣，豕視庶僚，爲時君深憂。今玆曳來之教，比諸豕視，殆有甚焉。臣之待罪侍從，一紀有餘，而無以奉承聖明之美意，致有此過當之教。臣罪於此，不任萬死。”

癸巳春，上教曰：“政目時來京者多，而姜潤登科卅年，君不識何狀。”卽以副修撰特旨下諭。公因辭疏進言：“我殿下聖算益崇，典學益篤，此誠堯、舜兢業之心。古經前史，孰非講學之資，而《大學》、《孟子》尤切於今日之用。”是時恩旨累下，眷注采隆。自以遐遯，義不敢安，且國有大慶，進宴在前，三月以匹馬一僮，力疾登途，行李蕭然，人不知爲承召也。

入對便殿，留四日，參進宴及養老宴，卽陳疏徑出。疏略曰："今百千萬事莫有先於保嗇聖躬、輔導東宮。而保嗇之方在乎頤養而已。喜怒和適，所以養其心，而養心又爲養生養身之本。世孫邸下睿質天成。學問之道不專在文義之末，而師、傅、保之責。在今之書筵官[15]，必擇其人，朝夕箴規，涵養氣質，薰陶德性焉。"上優批曰："君年八十，爾忍一參宴而便去乎？今命爾下大夫，予豈私爾？嘉所陳皆中也。今必不踰畿甸，其卽入城。"命特陞授同副承旨，使【缺缺】追行促謝。時公行至利川，聞命卽回馬，進伏廣州店舍，具疏請還，復尋鄕路，而批旨愈溫，實曠世洪造也。四月除江界府使不赴。

己亥復拜承旨，久而得遞。庚子春，除洪忠道觀察使。先是丙申正月，公中風患痺，不赴英廟大喪，爲終身痛。因此陳疏，自暴旣往之罪，且言："臣今年正滿七十，致仕之年，反作强仕之出乎？"因大臣陳達得遞。壬寅七月十二日，卒于正寢，壽七十二。以十月日，葬于所居法川龍洞之艮坐。

公稟性剛方，制行純篤。自少志程、朱義理之學，而所居深僻，絶無師友，獨抱遺經，潛心講究，字釋句解，不得

15 而……官 :《承政院日記》英祖29年 閏3月 4日에 근거할 때 "而在師傅保之責 今之書筵官"인 듯함.

不措。一心鑽仰，惟在退溪，眞積力久，常言“王文中曰‘通於夫子，受罔極之恩’，吾於退溪先生亦云。”蓋公於一切世味，無所嗜好，惟於讀書，劇如嗜炙。科宦榮利，既得而儻來然，所性不存，視若浮雲。惟於義理原頭，剖析精微，左右逢原。如《河》·《洛》之數、蓍卦之揲、籌算之法，亦略通其槪。然以先後緩急之序，未之深究也。

曰：“吾於書無所師受，皆自得，故多枉用功力者。”初讀《易》，參合傳、義，無所偏主，又於《春秋胡傳》，屢年諷讀曰：“《春秋胡氏傳》可斷大事，故比他書用力爲多。”朱子封事、奏箚，晝讀夜誦，循環不置，又以部居相隔，歲年難考，故會以通之，以年爲紀，而相次之，以便考覽，蓋公一生用力於《朱書》者如此。

性又端重簡潔，敦朴貞直，介然自守，平和與人，而不尙然諾，不肯俯仰。常言“古人之事，必可行於今世”。及其取第入仕，意欲以正義公道自持，及於一二事，有所創艾，自知性不諧俗，必觸駭機，遂奉身而退，終老邱壑。欲見之恩言，屢形綵綸，而終不肯輒渝所守，一趨闕庭，陪觀盛禮，而投章徑歸，不欲少淹。華貫淸銜、腴邑雄藩，棄之如遺。蓋與退溪先生守一“退”字，受用一生者，異世而同軌焉，於乎懿矣！

直弼於公，嘗有曠世感，今於公祀孫參判君之屬，義不敢終辭，力疾而備敍之。公娶潘南朴氏，生員泰來之女，一男曰榛。後娶安東金氏，士人承運之女，生二男：曰檝，曰榀。二女：適金相敏者，朴氏出；適申尙柔者，金氏出。榛一男始煥，有文學，克成公志。【缺缺缺】銘曰：

崒彼太白，賢人遯藏。
卓哉斯義，尊攘大防。
世有承襲，篤生偉人。
介石之貞，磨而不磷。
旣登巍科，不變其塞。
抱此經傳，老于邱壑。
王言如綍，驛召聯翩。
曷不感激，宿講者存。
越昔陶山，以退事君。
囊封辭巽，尾附懇懇。
喫緊之言，菽粟茶飯。
一部《朱書》，以爲歸宿。
嘉惠後人，家學啓迪。
異趨同辭，咸曰公賢。
不惡而嚴，圭角混然。
于邑于藩，迎者虛歸。
樂我家食，簪組奚爲？
蘊其餘慶，施及後昆。
亞卿之秩，啓後光前。
爰樹墓道，法川之麓。
刻我銘辭，昭示千億。

梅山集

卷三十四

神道碑

碑

神道碑

贈吏曹判書諡文正公巍巖李先生神道碑銘【幷序】

嗚呼！自尤菴宋先生倡明義理，用作學問軌範，而湖右諸賢聞風興振，庶幾乎洙泗之彬彬。然山頹梁摧，靡所宗仰，而遂菴權先生纘華陽衣鉢之傳，講道黃江之上，典型繩尺，實在于玆。於是諸賢不約而同，引領携手，相率爲依歸，遂以未及事尤翁者事之，世稱“江門八賢”，而先生其一也。

先生妙齡志道，深探力究，問質思辨，不得不措。當時同門諸賢有各尊所聞棘棘不相下者，往復辨難，迄未有究竟，學者恨焉。

其辨“物不具五性”則曰：“‘理通氣局’，栗谷之說，而‘原不相離’，乃其頭腦語，則雖曰氣局，理未嘗不通。今乃分作兩截，以理通爲上面一頭地，氣局爲下面一頭地，以太極天命爲人物未生時在天之理，以五常性爲人物已生之理。然則性在物而不在天，命在天而不在人歟？”

其辨“未發有善惡”則曰：“未發之體，當論於‘本體之明，未嘗息’者，不當論於‘所拘所蔽，有時而昏’者，所謂‘不偏不倚’、‘天下之大本’。然氣拘慾蔽，不得‘眞體之本然’，今乃只據其不應接事物而謂之未發可乎？‘眞體本然’，是何等名實，'至虛至靜'，是何等境界，而乃以昏惡者當之？若以不接事物，粗謂之未發，則昏惡固未害也。至以'不偏不倚'、'天下之大本'而安泊於昏惡，則理氣殊實，心性異致。"

凡前後論說辨證，多不勝述，而先生爲學節度，有可相參互者矣。湖中多士，薰襲德義，華聞藉甚。

歸樂堂李公晚成以巡撫使啓于朝曰："李某以經學名世。身造其家，與之酬酢，觀其言貌辭氣，可知其所存。況湖右髦譽莫不推重。請令選部奬用，爲學者勸焉。"於是特拜莊陵參奉，不起。時先生年纔三十四。

後六年薦爲世子侍講院諮議。於是異趣者有以先生年少進驟，論覆以難之，趙公道彬、權公尙游、李公秉常、黃公奎河、趙公聖復，疏辨其不然。丙申，再除諮議，上章辭，批曰："向來臺言，非出公心，不必爲嫌。"

丁酉，除宗簿主簿。乙巳，拜懷德縣監，先生爲養親膺命。入侍，問爲學之要，對曰："學問本末，惟知行而已。一事一物之理，固所當知者，日用身心、倫常綱紀上，必先直截理會。此致知之大致。一善一行，固所當盡，誠意章大旨，卽好善惡惡，就修己言，則天人理慾之分，直截剖判；就治人言，則好善惡惡之際，眞實用力。此力行之大致。爲學而不先其大致，非學也。此孟子所云'先立其大'者。"上傾嚮綦重，曰："聞有老母，今姑出送。而早晚入來，當與共講學，勿爲過謙。"

及赴任，殫心民隱，承弊易變。擧軍、田兩政，論報道伯，道伯不聽施。先生曰："吾不能拯民於水火，何可久居此乎?” 未半歲而賦歸。

左議政閔公鎭遠薦先生經筵官，仍請招徠，專心輔導，曰:“如李某之通邁，學有淵源，允合玆選。” 三降別諭，恩禮隆摯。先生因辭疏進立志爲學之論，曰:“今要充四端復萬善，夾敬義而達天德者，其基不先拓於方寸，則聖域之邃、王道之隆，其獨坐談而獨致乎?” 又曰:“治道非小事也，而周子曰‘純其心而已’。心純，則賢才輔；賢才輔，則天下治。所謂文武備具牧民御衆之才，亦當不感而孚，不召而至，寧患乎無人哉?” 仍痛辨遂菴先生被誣，承優批。

丙午[16]，除忠清都事兼海運判官，又除翊衛司[17]翊衛，幷呈遞。先生感激恩遇，將以言代身，草疏累千言，極論勉聖學進君德，陳義納忠，懇懇敷達。疏未及呈，而遽已捐館，是爲齎恨千古者也。

檢討官黃公梓因召對啓曰:“經筵官李某以山林邃學，曾經諮議之職，晚受芻牧之任，朝廷之禮待、士林之期望，莫不聳動。其學可以有用於世，而經筵成就之責，將在斯人，以前後別諭見之，亦可見虛佇之聖心。而遽聞傾逝，乃如之人，何處可得? 死生之間，宜有優異之典。且聞家甚貧窶，無以庀喪。請命本道賻助，以示悼惜之意。” 上曰:“予漠然不知，今聞此言，以平日思致之意，不勝驚悼。凡事貴在實心。以其山林之人，不欲以爵祿縻之，蓋爲非其願而縻

16 午 : 底本에는 “子”.《英祖實錄》및《承政院日記》에 근거하여 수정.

17 司 : 底本에는 “寺”. 일반적인 용례에 근거하여 수정.

之，反有乖於禮待也。今若贈職於身後，是生死異禮，非誠心相待之意。特遣禮官致祭，喪葬之需，令本道優給。”於是朝野襟紳悼畫感激，有以知先生固窮力學、不苟爵祿之實，有以上徹宸極如是也。

至正廟丁酉，贈吏曹參判、成均館祭酒，用季子推恩也。純廟壬戌，中外人士次第倡論，以先生道學之正，建白于朝，加贈吏曹判書，取“道德博聞”、“以正服之”二法，贈諡文正，妥享于溫陽之巍巖書社。於是畿、湖士林，又益知先生道學之盛，終有以食報於天如此。於乎盛矣！

先生諱柬，字公擧。英宗丁未閏三月十四日卒，距其生丁巳六月二十三日爲五十一。五月，葬于本縣楡谷，辛未閏三月丁酉，遷于巍巖里北麓乙坐。

李氏，系出全義，以高麗開國功臣太師諱棹爲鼻祖。九傳至寶文提學諱翊移籍。入我朝有諱韞，文科，判軍監事，贈吏曹判書。高祖諱耑，軍資監主簿；曾祖諱振門，僉知中樞；祖諱璞，全羅水使。考諱泰亨，進士，壽階副護軍，妣慶州李氏，司正瀣女。本生父諱泰貞，郡守，母全州柳氏，僉樞曼女。

有二配，皆坡平尹氏。元配生先先生一年，歿先先生十二年；繼配生後先生十七年，歿後先生三十六年，并祔墓左。

男四人：觀炳，進士；頤炳，郡守；師炳，參奉；鼎炳，武科、副摠管。女二人適宋得相、韓泂。孫男彦胄、女具大遠，觀炳出。勉胄、憲胄、建胄薦學行·廣興倉守，頤炳出。潤胄、聖胄、正胄，師炳出。遠胄、近胄武·摠管·同樞、邊聖和·黃仁綏·訓將白東蓮妻、庶子晩冑，　鼎炳出。曾玄以下不盡記。

嗚呼！先生以間世英豪之資，得大賢爲師，窮探性命之蘊，爲斯文眞傳。進可以發揮運用，致尊主庇民之功；退可以沈潛闡繹，居修辭立誠之業，而享年不永，罔充其器量，惜哉！然其妙道精義之發，亦可以藉手而見往哲。

櫟泉宋文元公雅言："巍巖心性諸說，見得甚透，說得甚快，大有功於後學。恨不能九原復作，以開今日群蒙。"在先生爲朝暮遇，而子雲、堯夫不必俟於後世也。

直弼曠世慕服，義不敢以癃廢辭，盥手而爲之銘。

曰：

於休文純！栗、尤嫡傳。
載瞻門墻，濟濟群賢。
泉西之醇，冠峯之特。
推老先生，俊偉卓犖。
侔高狀明，不爲時梏。
自信不疑，以玩以樂。
未發善惡，人物偏全。
參互前訓，如執契然。
名言在玆，大本斯立。
歸依紫陽，奚待卒業？
聖朝崇儒，祖孔禰朱。
聖學昭揭，洛步閩趨。

沿流溯源，始服其正。
若稽典謨，道心恒性。
舍則傍岐，崎嶇百端。
盍遵此塗？履坦蹈安。
允矣先生！一代儒宗。
有辭斯文，吾道在東。
煌煌贈誥，報施斯隆。
巍巍溫麓，侐侐玄扃。
爰揭石章，昭厥聲靈。
勖哉譽髦！是則是程。

大司諫贈吏曹判書惕菴李公神道碑銘【幷序】

嗚呼！我英廟初元，務以調停平蕩爲息朋黨之策，而一種觀望圖進取者，以混忠逆齊是非宛轉容悅爲事。士大夫持論淸峻，屢躓屢起，必欲辨君誣而定國是者，前後相望，幾乎如宋之黨籍、明之東林。而若惕菴李公，始而徊徨蔭塗，晩又進立臺閣，介然一節，之死靡悔，無愧爲頹波之砥柱、昏衢之明星。於乎懿哉！

公諱存中，字敬以，號惕菴。英陵別子廣平大君章懿公諱璵爲始祖。是生永順君恭昭公諱溥，以勳勩繼爲不祧之宗。自是簪組蟬聯。至高祖諱逈，掌令，贈左贊成；曾祖諱重輝，郡守，贈領議政；祖諱濡，領議政、惠定公，配食景宗廟庭。考諱顯崇，庶尹，贈吏曹參判，妣南陽洪氏，吏曹判書諱受㴁之女，贈貞夫人。

公生于肅宗癸未九月二十八日。幼秀朗異凡，經史寓目輒誦，夢窩金公、疎齋李公、玉吾齋宋公咸稱以國器。己亥，赴南省試入格。忌公者以冒占目之，公夷然不爲意。後入場携硯墨坐其側，談笑如常，其人愧服。間從陶菴、陶谷諸賢，講究微蘊，多承印可。

乙卯，中司馬兩場壯元，旋拜貞陵參奉，轉翼陵奉事，除翊衛司侍直，移內侍教官，陞主簿、佐郎。丁卯，拜金城縣令，戊辰，遞歸，拜翊衛司司禦，出入書筵，多所啓迪。

庚午，以陜川郡守，擢三日製，又魁殿試。悔軒趙公賀曰："李某三場壯元，殿下得賢臣，臣亦得文衡可傳者矣。"時趙公以論議峻厲，爲時所忌，而推公如此，時議又忌公不已，曰："是必壞破吾蕩平論者。"例陞通政，除驪州牧使，未幾而遞，除兵曹參知。

拜同副承旨，在院中與諸宰語，有論尹公心衡去就當否。公曰："斯人難進易退，自有操執，非他人所可勸沮。"吏判金尙魯大言："分義安敢如是?"公笑曰："公所謂分義，見於何書? 可仕則仕，可止則止。義苟當去，斯速去之，何傷於分義? 苟如公言，鄙夫之患得失，趨走爲恭，方可謂盡分義也。"

慨然謂人曰："三十年蕩平之論，病國滋甚，辛壬餘孽，尙逭王章，此正危急存亡之秋。苟當言地，吾不可怵禍而不之言。"及拜大司諫，上書略曰："戊申凶黨之醞釀久矣。始張於己巳，而轉激於辛巳，含憾於丙申處分，而馴致辛壬滔天之禍。乙巳初政，豈不嚴正？而大憝巨魁，久稽天誅。向日合辭之論，實出於爲君父、討亂賊，而隨發輒停，必欲較勝。然猶不敢顯肆伸救，彼李宗城右袒凶魁，少無忌憚，推薦引用，如恐不及。夫爲國之要，專在於培養名節，風教以之扶植，綱紀賴而維持。今名節先亡，廉恥交喪，一國如狂，惟利是趍。居廟堂者以固位要寵爲命脈，逢迎承順爲身計，臺諫專事含默，庶僚只圖餔啜，列朝之所培養者，掃地盡矣。邸下所以倚任咨訪，矯揉世道，只在輔相之得其人。而大僚素無見識，全用權術，中年患得之心，用作脅世之資，班行之叱罵搢紳、廟堂之歐逐朝士，凡在瞻聆，莫不駭愕。兄居鼎席，弟處銓地，聲勢相應，表裏交濟，外假公平，以階發身，內藏機括，籠絡一世。勢利所驅，趍附日衆，釁尤層積，公議怫鬱，或恐他人之議己，愈欲言路之拒塞，臺臣斥補遠邑，諷語至發政席。人畏其陰中之禍，舉相爲戒曰：'寧負國家，不敢負金氏。'風聲所及，習俗大變。噫！名節盛衰，專繫臺閣，而今日臺閣之權，歸於宰相，培植布列，無非巽軟附己之類。稍欲自立，詬辱隨至，疑亂天聽，一斥不復，媕婀成風，氣節消沮。苟欲扶植名節，挽回世道，則金尚魯兄弟，亟加斥黜，以示好惡，前後以言獲罪者，一竝甄敍，以勵頹俗，斷不可已也。"

又論良役之爲弊、戶布之當行，而繼之以節用愛民之義，縷縷數千言，憂深慮遠，可擧而行。疏入二日，特命入侍，上曰："予以爲兪棨入來矣。汝有臨年老父，《大訓》、

《常訓》之後，顧安敢若是？”對曰：“戇妄觸忤，非不知取禍，而世祿之義、諫官之職，目見國事之日非，不敢隱蘊。至於《大訓》、《常訓》，卽殿下自定之義理也。臣書則自辛壬、戊申禍變所自來者言之，與《大訓》、《常訓》有異矣。”上曰：“金尙魯之斥補臺臣及政席諷語，何謂也？”公曰：“李敏坤欲論尙魯，故出補遠地。且尙魯於政席大言於人曰：‘臺諫受點，違牌圖遞爲上。’此亦拒塞言路之計也。”

上責以越視《大訓》、凌辱大臣，命投畀巨濟府，倍道押送。尋遇赦典，嶺伯閔公百祥置公於稟秩，有中沮仍置之。後閔公以諫長言事竄巨濟，而上命移公於濟州。蓋惡其言議相同而欲分張之，使不通聲氣也。公受命行到康津，發船入外洋，波濤大作，有一龍踊出船頭，尾角崢嶸，風雷倏歘，人皆震掉失色。公獨夷然逼視，曰：“古人牛渚燃犀、潮陽逐鰐，比吾所見何如哉？”

到謫廬，讀《易》不撤，曰：“程夫子涪州一行，著得一部《易傳》。吾少時讀《易》未熟，如非謫居，何以得此？”士有越海請學者，講論不倦。已而庶尹公捐館于京第，特旨許歸葬，葬畢又命還配。公自是冤號傷怛，不復有人世念，每朝夕及朔望、節日，設飯羹于卓上，北望號泣。居停茅屋，不肯修葺，曰：“罪人所處，如是足矣。”

癸酉，蒙宥，歸宮村墓下，族黨鄉里之外，幷不肯延接，料理園圃。重修社倉法，條約詳密，鄉戶賴之。知舊揣公必欲自廢，多方攛掇，服闋除禮曹參議，勸起百端。公上書辭曰：“臣立朝爲不忠之臣，在家爲不孝之子，人道絶矣，天理滅矣。尙復何顏自廁於橫目之列乎？今臣所以自靖之道，惟有托身松楸，將護病母，永爲聖世之棄物，以畢餘生而已。”

書上數日，上猝然敎曰：“明日有大處分，如有不參者，以無臣節論。”公以爲“此敎非常，不可以平日處義自畫，一出還藏，以遂初服可也”，乃入侯班。上聞之，喜動天顏，曰：“李某出乎？始知爲君之貴矣。”公在班次，有以時相意來探，曰：“今日事，豫費消詳。自上若以某事下詢，則事將不測，何以應之？”公正色曰：“天若祚宋，必無是事。設有之，在廷諸臣，萬口同聲，極言力爭而已。所執者，義理，雖死何愧？”於是諸議始定。上亦燭其狀，旋下罷座還宮之命，蓋知公所執必不可回也。卽歸鄕廬，不復入闉闠。

乙亥，丁繼妣朴夫人憂，哀毁逾禮，幾滅性。

戊寅，大提學南公有容將擧公貯代，而以公資歷之淺，先差承文院副提調。公以首薦獨得準點入啓，上震怒曰：“曾有以堂品爲此者乎？”右相申公晩曰：“李植、宋相琦亦以堂品準點矣。”上遂下點於次望金陽澤曰：“李某堂品，何可擬之於亞卿之上乎？”御筆抹圍公圈，書批旨於圈下曰：“雖抱韓、柳之文，三十載苦心宜守。”蓋上意欲全公晩節，而亦或有爲公嗟惜者矣。

公晩年多住江郊，以巾服杖屨遨遊山水間，或以扁舟沿洄上下。一時名德諸公有趙悔軒、吳月谷、南雷淵，而最與尹公心衡、李公台重、金公時粲交誼尤篤。有遺稿五卷藏于家，編輯諸昆從酬唱，爲《三珠樹》九卷。

以辛巳七月三十日，考終于阿峴里第。訃聞，上驚嘆曰：“時人未必無黨心，今於斯人之沒亦必有欣然者矣。”九月，葬于光秀山庚坐，從先兆也。配貞夫人豐山洪氏，同敦寧重福女，端莊貞一，有女士行。先公十一年沒，祔左。

擧一男一女：男義弼，左參贊，女適大司憲趙德成。庶男義輔，庶女適尹勉順。義弼系子祺淵，孫寅文。義輔子祿淵。祿淵子寅誠、寅瑊、寅訥。

丙申，正廟曠感公先見之明、自靖之正，特贈吏曹判書、大提學以奬之，又徵覽遺稿，臨筵賞嘆。嗚呼！公之謙退隱約、秉執扶植不盡著明於當世者，庶其無憾於九京，而有辭於百世也。

直弼已自髫齔，服公名義風節爲當世之第一流，及誦其詩讀其書，益知公之爲公，雖爲之執鞭而不辭。寅文謁麗牲之文，屢辭以非其人，而悃誠彌篤，亦不敢贅剩其言，以爲公盛德之累，謹爲之銘。

曰：

憲憲李公，肇宗分玉。
如漢二獻，冠冕公族。
爰及惠定，紀常成績。
惟公繼聲，卓爲矜式。
砥行立名，本之文學。
笙鏞黼黻，厥施將博。
時運陽九，風節自激。

百世不惑，辛壬忠逆。
氷炭薰蕕，混之不得。
先王達權，期同矢的。
口舌代鉞，懇曲諄複。
貞臣諤諤，不憚論覆。
嶺海相望，後車前軸。
公挺其間，夷險靡擇。
尺疏叫閽，辭嚴義確。
朝陽鳴鳳，瘴海吟鵩。
逐臣更遠，指彼潭鹿。
有鱗之而，來護我舳。
如感公誠，龍蛇化赤。
及宥而歸，義甘家食。
先王曰咨，汝忠予識。
表汝一節，屈我三尺。
于郊于沙，俾汝休息。
候班暫造，機牙間作。
有逆探者，伺我顔色。
竟未近光，莫效悃愊。
退守東岡，不拔介石。
時叶賁趾，望違拭目。
浩然長逝，九原難作。
隱畫有敎，貤贈有爵。
生順沒榮，耿光有爀。

侐侐堂斧，光秀之麓。
徵我銘章，古之遺直。

刑曹判書謚定獻趙公神道碑銘【幷序】

士大夫以不失身爲貴，舍是則無以自立。不佞傷今之世，聲利滔天，名檢掃地，思得昔人徽蹟以風之，而不可得。會府使趙君秉憲與其弟秉悳，以其高祖尙書公行狀示不佞，托以麗牲之文。不佞擎讀而歎曰："是可以警醒頹俗，其可無筆？"遂爲之敍。曰：

公諱榮進，字汝揖。楊州之趙，胄于高麗判中樞院事諱岑。入本朝有諱末生，領中樞，謚文剛，以德業世家。七傳至知敦寧昭敏公諱存性，生刑曹判書忠靖公諱啓遠，爲孝、顯兩朝名臣，再世俱贈元輔。忠靖有子諱禧錫，郡守，亦贈領議政，是爲公曾祖也。祖諱泰彙，郡守，贈吏曹參判。考諱奎彬，府使，贈吏曹判書。判書公娶驪興閔氏，判書忠文公鎭厚之女，以肅宗二十九[18]年癸未擧公。

臨娩，忠文公有圓玉夢，仍命小字。生質沈重，文藝夙就。時値辛壬之禍，從祖忠翼公以建儲大臣首及焉。公隨判書公晦身湖海，杜門廢擧。

18 九：底本에는 "八".《肅宗實錄》및《雲石遺稿·刑曹判書趙公謚狀》에 근거하여 수정.

甲子，中司馬。明年，筮仕，除義禁府都事、濟用監奉事，轉司宰監直長，換宗簿寺，用璿源譜略都監勞陞主簿。移東部都事、戶·刑兩曹佐郎，轉刑曹正郎。出爲大邱判官，未赴，調永柔縣令。陞載寧郡守，賦歸，卽授南原府使，兩邑聲績茂著，俱蒙陞敍之典。

丙子，擢文科，連除司諫院正言·獻納、侍講院弼善·輔德、知製敎、太僕·樂院正、嶺南災傷敬差官、講書院左翊善。己卯，以世孫冊封都廳勞進階通政，拜兵曹參知、參議。嘗侍衛，上奬公儀表魁偉曰："爾貌恰似故判書。"判書卽閔忠文也。

公嘗以戶曹郎差肅廟御容模寫都監郎，以奏對稱旨，累褒以宰相器。及莅永柔，以飭戎械、完逋穀聞，上嘉之曰："其人，予所知也。本縣駐蹕處，有所修戢，故書其名，使之鐫刻，其恪勤可尙。"及唱第，上曰："知爾久矣，尋當召之。"仍勉以盡力救民，時南原大侵，方設賙賑故也。自是眷遇慕重，特除承政院同副承旨，序陞至右副，後累拜。尋除司諫院大司諫、戶曹參議。

庚辰，充副价赴燕，計程留館，裁之以法，一行整肅。還朝，復拜諫長，旋拜刑曹參議。辛巳，以仁顯后禮陟回甲，上幸驪陽舊第，躬審聖母所御之室，特拜公漢城左尹，以忠文公外孫也。公以中批特恩非聖世美事，懇辭。尋拜都承旨，歷禮·兵曹參判、提擧承文院，出爲黃海道觀察使。

始上以聖母所御室詢及公，公擧實仰對，而娼嫉者刱誤達之說，嗾臺官李鎭恒等，捏成罪案請勘。上燭其誣，欲仍之，未果。敍拜諫長、同知義禁府事、都摠府副摠管。壬午，拜咸鏡監司，不赴，特除司憲府大司憲，連拜刑曹參判、知申。臨筵累擧公被論事，昭晣備至。

甲申，特命文純公朴世采從享聖廡，承旨李得培覆難被譴。公以都憲上疏，曰："從祀之擧，實爲莫重之典，內自館學，外至八道，同聲建請，然後乃始見許。而今殿下遽然斷行，終有欠於重事體之意，則承宣之所陳達，寔出於有懷無隱。而大加摧折，至命譴罷，恐非優容之度。幸加三思，亟收前命。"上不賜批還下，仍降嚴旨特罷，自是上益怒。及禱雨北壇，公候於門外，上曰："予之煩惱，專由於爾，爾何敢祗迎？"命削黜。

戊子，以知申爭賊臣光佐等復官之命。己丑，復拜同義禁，自是累忤旨，罷削相續。及庚寅，擬京畿監司末望，上下點教曰："久滯矣。予不用，誰復用之？"未幾遞拜同知敦寧府事。

辛卯，復除都憲，合啓請洪鳳漢罪。上奬之以樹立，仍教曰："趙某是誰之外孫？特爲加資。"公長子昌逵曾爲侍從，公以年至將推恩，是冬，先期進資憲。

壬辰春，拜知中樞府事，入耆社，皆異數也。連拜知義禁、都摠管、內醫提調、刑曹判書。時公從祖弟參判榮順，以光佐諸賊事抗疏，激上怒，至發一律之啓，公惶蹙不赴班。教曰："秋判亦護黨而然乎？"命削職。

癸巳，以聖壽八旬，推恩耆堂，陞正憲兼知春秋館事、提擧歸厚署。重拜司寇，諭曰："卿筋力尙强，又知卿確，秋曹事專畀之，卿其勉哉。”

乙未，特加崇政階，每用耆堂恩，蒙食物表裏之賜者，指不勝摟。是年十一月十日，考終于本第，享年七十三。訃聞，上震悼曰：“悃愊之人，愴悼曷已？”輟朝致賻如禮，御製文，卽日侑之，曰：“竭心誠忠，一片質實。”哀榮之典，於是焉備矣。丙申正月，卽藍浦三溪夫人權氏墓右庚坐而窆焉。當宁癸卯，太常議上“純行不爽”、“嚮忠內德”二法，賜謚曰定獻。

夫人貫安東，左參贊㦃女也。貞淑端莊，克配公德，後公一年生，先公四十年乙卯卒，贈貞夫人。有三男一女：男昌逵，大司諫；光逵，郡守；祥逵，都正；女適士人徐道修。庶子東逵，生員；章逵，進士；貞逵；女適李長衡。昌逵男鎭大，郡守；女適參判金會淵；庶子鎭一；鎭三；鎭五，察訪；鎭七，生員。光逵男鎭順，承旨；女適生員李度儉。祥逵男鎭鼎；庶子鎭柔。徐道修男有積，僉中樞；有稚；有程；二女李鍾直、金基協，俱進士。東逵男鎭翰；鎭源；鎭中；鎭昉。章逵無子，子鎭中。貞逵男鎭敎；鎭弼；鎭恒。李長衡男九晦，生員；新晦；晩晦；用晦。鎭大男毅淳，正言；最淳，監役；厚淳；頤淳，縣令；女贈判書李英紀。鎭順男鍾淳，府使；弘淳，都事；女郡守洪哲謨、李象秀。鎭鼎男仁淳；興淳；女牧使李羲升、金迪淳。曾玄以下，支嫡蕃衍，不可勝記。

公天資敦厚，器局宏偉，居恒峻整，若不可犯，而及其接人，眞率和易，無少修飾。而見人不是，輒面折之，亦不復置懷。識量弘遠，城府洞達，遇事坦然，信心直行，至義理可否，確然有不可奪者。沖素之操、謹愼之度，訓範刑于家，忠勞著于國者，壹遵乎忠靖、忠文。事繼妣柳夫人盡孝，人不知不出於其腹。皇考居鄕，產業剝落，而公養志承顏，不以有無及親聞。常痛祿不逮養，壕飾家窆，極殫誠力。或言其過，公曰："後之替引，在子孫賢否耳，詎可逆料而儉其先乎?"遇弟妹，親愛無間；待親戚，曲盡恩義，皆孝之推也。諸胤有過失，罔或寬恕，雅尙儉約，家無珍玩，是爲公躬行實踐，貽厥後昆者也。

公雅志丘壑，築室于臨陂之西湖，將欲斂退，依近松楸，用圖畢命。而聖箕隆卲，未敢告歸，嘗述思鄕詩以見其志云。公任都憲十五，其論君德時政生民休戚者甚多，雖值上意激惱，輒蒙虛受，亦由公陳戒眞切，至誠孚格也。壬午夏，上行徽寧殿酌獻禮，公以知申奉命，往復于春宮，至被譴罷，事有至難言，而處得其正。故正廟燭其實，於公後承仕宦加以特恩者多，豈無所本而然哉?

公承藉內外名德，地望高華，翹楚時彥，器業可以需世，文術可以煥猷，克紹前緖，是世所期望。而蚤閱世禍，晚占科第，雖位躋崇班，而其異乎旅進旅退者幾希。且元陵季世，邦朋分黨，其血幾乎玄黃，人無不朝齊暮梁。而獨公靡所染迹，超然於標榜之外，雖致見忤者從以媒蘗驅納於擭阱，而公不以得喪榮辱累心。以故滄桑百變，風波顚覆，而公則自在。孟子云"守孰爲大? 守身爲大"，公實有焉。英廟之眷顧靡替、正廟之記念不置者，不亦宜乎? 於乎休哉!

銘曰：

趙在吾東，卓爲世胄。
秀氣盛祉，鍾美享祐。
公振家聲，有大厥受。
胚胎前光，亭毒斯厚。
左右元陵，聲庸夙茂。
滿腔誠忠，遇巷我后。
世運平陂，見幾自守。
詭不肯隨，利不爲疚。
確乎其志，矢不自負。
玄黓閏夏，史多闕文。
延頸願死，公心如焚。
處變得正，未敢索言。
涒灘抗章，士論攸尊。
外厖氣宏，內篤行淳。
晚契彌隆，公愈肫肫。
壽域風雲，黃髮君臣。
終始一節，保明其身。
未忍便訣，投老林壑。
有詩思潁，可續永叔。
後承昌衍，簪笏赫舄。
遺贏詩禮，儒珍範俗。
流慶沄沄，由公醇德。

藍田之山，光氣紛郁。
有睾其封，有崇其楹。
最其大者，式昭斯銘。
非直昭公，永裨世程。

吏曹判書致仕奉朝賀謚忠憲趙公神道碑銘【幷序】

嗚呼！英、正兩朝士大夫崇名節重言議，蔚然爲盛際，而往往懲吹禍故，刓方爲圜，風習一變。時則有若奉朝賀忠憲趙公，獨能植立不撓，終始一節，如頹波砥柱，不隨遇而變轉。尙論君子方之於唐之顔魯公、宋之劉元城，而存沒哀榮，恩禮不衰，則此又顔、劉二公之所不得於其君者。嗚呼，其盛矣哉！

公諱重晦，字益章，咸安人。入我朝有諱悅，官工部典書。其孫諱旅，與金東峯諸賢自靖於端廟禪受之際，廟食於咸安之伯夷山。至孫諱舜，以讜言爲戊午名賢。其孫諱堪，與牛溪成先生爲道義交。後有諱鎰，平市署令，於公爲高祖。曾祖諱逢源，同中樞，執德剛方，爲尤菴宋先生所推重。祖諱楷，官郡守。三世推恩，贈職如例。考諱榮福，參辛丑建儲議，爲凶黨所竄逐，官至開城府留守。妣延日鄭氏，圃隱先生後，參奉纘憲女。贈左贊成、貞敬夫人，以公貴也。

公生于肅宗辛卯九月十八日，幼厚重有德器。學於陶菴李先生，先生期詡綦重，敎以爲己大致。二十六，擧庭試乙科，入侍講院爲說書，上疏論元良導迪之方。已而入翰圈，以召試非令典，獨不赴，被嚴敎。

癸亥，爲司諫院正言，欲出而論事，恐罹禍貽親憂，低徊不能發。已而得母夫人旨，抗疏痛論私廟臨幸事曰："以宗廟之重，展拜享祀，尙有定制。而今於私廟不燀煩數，有司未及請，不時奠酌，必具三獻，禮節有礙。且非郊社、陵廟而離宿他所，瀆祀任情，非所以愼先憲也。"其論使行事曰："列聖薪膽之志，百世不可忘，雖在皮幣黽勉之際，常存忍痛含冤之義。今瀋使之還，乃有恩數罔極之詔，而恬不知恥，至於賫來金字筆，儀仗鼓吹以迎之。又請以所賜弓矢爲法駕儀衛，雖幸殿下不賜允許，而其爲奉使辱國則大矣。"

上震怒，六日不視朝，公席藁待罪凡十八日。人皆謂公必死，陶菴獨云"理直則不死，益章必無事"，黎湖朴公亦上章伸救。有趙台祥者疏斥公逼憾聖心，請勘其罪。上命下台祥於獄，而公則只令刊版，於是公直聲動四方。

公自是屏居江上不履闤闠者五年。大臣有因筵奏微諷，曰："人君容直爲難。少有咈意，或刊仕籍，殊非聖世事。"上曰："豈指趙重晦乎？"特命蕩滌。時適弘文錄成，承旨讀奏之，至公名聲稍低。上笑曰："予豈以前事芥于心耶？弘文錄無則已，有則趙某不入，當誰入？"拜副修撰。陳疏自引，蒙溫批，感激出肅。居玉署最久，多所納牖。

時三司請追奪逆臣李光佐、趙泰億官爵，而上靳持之，屢下嚴批。公進伏言："此一國萬口同然之論，殿下每以網打一邊疑之，臣實憫焉。一鏡敎文至凶極憯，而大臣視爲尋常，終不肯明正其罪，其心亦一鏡耳。而殿下每以提起門生國老等語爲罪，殿下苟【缺缺】聞此語，則無寧以四字凶言爲辭而討之。”上怒削職，未幾敍拜獻納兼侍講院司書。

時逆賊致雲以罪惡停望於吏曹，而上命擬承旨，參議尹公汲不奉承，斥補洪原。公進曰：“人臣有所執，君命有所不受。若輒變所守，惟君命是從，則非所謂‘以道事君’也。《大學》‘絜矩’，惟明好惡而已。彼致雲卽一娼嫉之小人，亟宜放而遠之，不與同國。銓官之不擬，乃其職矣，而殿下斥之，臣竊慨然。”命特遞，自是有除皆不出。

後因辭校理上書，論李壽鳳事曰：“壽鳳荷恩歸養，亦未有職責，而突然冒出，陰售黨伐。在昔宣廟朝，東人謀陷善類，先攻三尹，而朝論遂潰，黨禍大作。今壽鳳逞毒，甚於東人，而大臣不一言開陳以贊聖讒之明。願邸下深思遠覽，痛折抑之。”大朝命入其書，連下責敎。公不自安，乞養出監殷山縣一年，入爲修撰兼春坊贊讀。

時上有激惱事，以辛丑代理時所遭危辱，至慟在心，幸彰義宮，雪中露立，辭敎多不敢聞。公出班奏曰：“臣伏見《御製自省編》，有曰‘保有今日，皇兄攸賜’，又有曰‘辛丑冬事，思之凜然，而皇兄視予無間’。臣每讀此，三復流涕。夫以兩聖友悌，無間如此，而梟獍輩譸張罔極，乃殿下過自貶損，有此過擧，非所以示大公無嫌也。”上爲之改容。

公在堂下官十八年，至是陞通政拜承旨，歷兵曹參知、大司諫。出爲尙州牧使，時歲大飢，賑口至萬二千，營俵穀二千斛，無以賴活。乃捐廩割俸，鳩穀以哺之。營穀之在州者，簿帳浩多，道伯欲翻作取贏，公以與民爭利執不可。

遞歸，歷兵·禮曹參議、大司成。庚辰，丁鄭夫人憂。壬午，服闋，以承旨侍書講，上曰："此予建儲時秉筆承旨之子，今又以承旨入，予甚愴懷。向者大臣有氣豪語，承旨駁之，其言是矣。其公心，予豈不知乎？"

後上御徽寧殿，公免冠伏庭下，涕泣請死。上震怒命竄黑山島，旋卽還寢。已而命撤世孫供上，出處于外，公爭執請移處時御所、供上如例。上雖不之許，然命公奉傳教宣讀，公久立不敢讀，上震怒辭旨截嚴。公嗚咽曰："十四年臣事之地，語有不敢聞者，惟願速死而已。"

後數日進曰："自古國家有事變，必有投間抵隙，乘時窺覘，遂爲亂階者。願殿下深留聖意，教養世孫，日後凡事，務從豐厚，無一毫未盡處。"居數日又下嚴旨，竄茂長縣，旋下給牒敍用之命，曰："向所奏'投抵'之云，深有識慮，可謂有功於國家矣。"後以承旨奏曰："目今紀綱頹廢，廉恥壞傷，專由於委任不久，浮競成習，殆殿下有以致之。端本清源，立經陳紀，崇獎廉讓，庶少回今日世道矣。"上遽曰："浮嘵躁競，豈予所導耶？"已而又教曰："承旨言是。"

移拜兵曹參議，出爲寧邊府使，府爲保障重地，而積儲枵如，廨宇摧圮。及至繕修庤椿，百度俱擧，釐武隊紓民瘼，至今賴以完固。後二年遞歸，爲諸曹佐貳，間出牧楊州。及爲承旨入侍，上曰："予猶記某年之言。當時滿廷諸臣，皆如蒸栗，無一人開口，獨趙某有'十四年臣事'之說。使前此有如趙某者一人，時事豈至此乎？擧直錯枉，宜先此人。"

公退謂家人曰:“吾當時一言,不過盡吾分耳,今乃有過當之教。吾若復出,是自處以直而歸枉於人也。”自此一意退避,而上不許。

庚寅,陞嘉善拜開城府留守。明年,入爲漢城府右尹、都承旨、吏曹參判,不膺命,爲忠州牧使,旋寢。壬辰,陞資憲。上敎曰:“烈風勁草,趙某之謂矣。”時逆臣鄭厚謙愬于上,復辛壬三逆魁官爵,大司憲趙公榮順上疏竄絶塞。公拜都憲,將救趙公,上聞公詣閤,命遞公職,公爲終身恨。

後拜東銓,敦勉暫出行政,歎曰:“俗習已淆,物情難平,吾其止矣。”遂引疾得遞。後以知經筵入侍,上敎筵臣曰:“趙某只有本心,無一點虛僞,古所謂‘宦妾不知名’,趙某有焉。”

丙申,命世孫代理後,奠酌于關侯廟,將以甲冑行事。公以宗伯上書言“不可以貳極之尊,下同於韎韋”,遂以法服將事。已而陞崇政拜判義禁府事。

是歲英廟賓天,正廟嗣服。有湖儒希當路指,議建院以洪啓禧配陶菴李先生。公時觀察咸鏡道,臨行上疏曰:“臣師文正公臣李縡,於先正臣宋時烈,雖不由師受,而一生尊仰。若洪啓禧,雖出入臣師之門,出處言議,動背臣師。臣師憂歎,嘗以長書切責,而啓禧拔之於遺稿,故諭善臣朴聖源往復爭執,則啓禧卽臣師之罪人也。今若位臣師於啓禧之上,以接先正之統,此斯文之阨也。”上下優批,許以爲師苦心。

時北方大侵,公到營措劃,移粟捐廩,賑賙糶貸,各適其宜，民免捐瘠。城中失火，連燒五百餘戶，公給糧助材，得以安堵。舊例出錢貿布給戍卒，官吏舞弄，存其名而私其剩，公命與之以錢，厥弊乃息。

丁酉，還朝。時逆臣洪國榮用事專擅，納其妹爲嬪，號淑昌宮，設宿衛所于禁中，脅制朝紳，一或抵觸，機穽隨發。公婿洪樂彬，國榮叔父也，家近闕外，屢懇公一臨，公若無聞也。

宋德相膺召詣京，交驩國榮。公以書諷之，曰："山林之士，不宜苟合當路。今當路者年少輕佻，不可用，一也；朝夕御膳，不可自外進供，二也；宿衛所當輟，三也；淑昌宮問安當廢，四也。宜一一爲上言之，不然，可以去矣。"後國榮敗，德相亦死。然公不自言，人無知者，後有常窩李公敏輔輓誄出，而始著聞於世。

公旣決去就，除拜皆不出。上將大用，拜吏曹判書。公曰："吾已決一退，何可變也？"庚子，以七十入耆社，引年乞休，章四上得致仕。召見宣廡，命扶掖升降。

壬寅四月三十日卒，壽七十二。訃聞，上大傷悼，隱卒有加，教曰："重臣確執，不獨決退一事也。"命不待狀議謚，"慮國忘家曰忠"、"行善可紀曰憲"。以八月葬于竹山縣朔寧山下高峙洞坐坤之原。

配完山李氏，左議政文貞公觀命女，先公二歲歿，端莊慈孝，宗族咸誦。擧三男二女：男長景鎭，府使，出後伯父；次秉鎭，早歿；次厚鎭，郡守；二女適洪樂彬、李集培。景鎭男：瀷、涉。秉鎭無育，系子澥，縣監。厚鎭男：漣，文科贈直提學；遂；選，縣令。瀷子：元植，都事；寬植；允植。涉子：命植；中植。瀞子：忠植，承旨；憲植；愚植；恩植，進士。漣系子龜植，校理。遂系子教植。選子：龜植，出系；系子中植。餘不盡記。

公姿性重厚，內行純篤，恒言存其誠，庸行不違敬，立心制事，粹然一出於正。立朝本末，磊落光明，歷事三朝，直道而行。雷霆震盪之際，言人之所不敢言，而孚信積中，上結主知，恩禮曠絶，殆《易》所謂"王臣謇謇，匪躬之故"歟。往哲云"天地變化，我得其正"，又云"事事尋求一箇是"，公實有焉。

直弼生也晚，罔及納床下之拜，然竊從前輩名德聞，慕公大節夙矣。承旨君命不佞以牲石之文，未敢以癃病辭者，以托名爲榮也。

銘曰：

允矣趙公，展也邦彦。
履險如夷，一德乃顯。
元陵之世，建極爲治。
將納于軌，有平有陂。
公言侃侃，公色肫肫。
有藉其手，壹是誠悃。
鎮我危疑，翼我詒謀。
呼吸風霆，運斡斗樞。
此其大節，人莫敢言。

請述其餘，以徵斯文。
寒泉奉敎，先立其大。
出而揚廷，激仰志概。
聖孝靡逮，或疑豐昵。
囊封一言，以禮爲節。
西价辱命，媲古肜盧。
介立陳辭，大義是扶。
武廟娄拜，易我袞冕。
王曰嘉乃，賴一言善。
王曰宦妾，不知乃名。
煌煌華袞，疇敢改評？
彼哉匪人，敢托門墻。
臨行一疏，嚴立隄防。
都人加額，司馬起洛。
公矢厥心，不改其確。
河南高弟，元祐完人。
歷選弁世，尠與擬倫。
嘉樂令終，恩禮有加。
太常節惠，慮國忘家。
嶊嶊寧岳，侐侐玄堂。
我銘其刻，昭示無疆。

碑

松潭祠廟庭碑【戊申】

維梁山郡之西鷲嶺之麓，有廟巋然，古忠臣白公祠也。公諱受繪，字汝彬，扶餘人。生稟異質，慷慨有大志。

歲壬辰，讀書山齋，倭寇卒至，遂見俘渡海。迫令屈膝，公憤罵不絶口，以死自矢。賊怒囚公于幽窖者三月，而終不撓，涅左臂十字曰"寧爲李氏鬼，不作犬羊臣"。賊又向刃以脅之，公引頸曰："速斫我。"賊具湯鑊若將烹，公笑赴曰："是吾願也。"有蠻酋止之，曰："此天下義士也。曷可無名而殺之乎？"群倭莫不敬服。時公年十九。九歲竟完節而歸，遠近坌集，求見涅字，嘖嘖吐舌。

及光海政亂，群醜發金墉之論，通諭八路，剋期治疏。公痛哭曰："天下寧有無母之國乎？"裂而投之，觀者色變，而公則夷然。仁廟改玉，大加奬詡，命除官。甲子，拜司饔院參奉，不就，旋拜禮賓寺參奉，肅命而歸。

戊辰，應旨上六條疏：其一，言功臣貪縱；其二，論仁城之冤；其三，言緣坐中冤枉者宜稍疏釋；其四，言毋以偏黨取舍；其五，言御營軍保之非古制；其六，言戶牌、軍籍之弊。其言鑿鑿中窾，而被喉院所却，不見施用，惜哉！庚子，又因筵臣建白，除自如道察訪，奉公勤約，殘郵用蘇。

享年六十九而卒于壬午二月二十日，墓于郡北洞卯坐。一鄕髦士，具公節義聞于朝，顯宗庚戌，贈公戶曹參議，旌其閭曰"忠臣之門"。肅宗丙子，郡守曺武勛建忠烈祠于郡城之東，丁酉，移建于舊宅之上，賜額松潭。

公美風度，鬚眉疏爽，城府洞豁。居恒恂恂，不以標格自高，而志氣骯髒，剖析是非，如斬釘截鐵。蓋全節殊方，百死不悔，如蘇武；潔身昏朝，用扶綱常，如董養；抗章極言，觸犯忌諱，如陳東、歐陽澈，斯爲公三大節。有一於此，樹立猶卓爾，況兼之乎？

公生長遐陬，未有師友切偲之益，而其所造就者如此，豈無學問而然哉？嗚呼！能守鐵石之深衷，勵松栢之雅操，見貞心于歲寒，標勁節于嚴風，赴鼎鑊蹈白刃而不顧者，皆無所爲而爲，眞忠烈秋霜，精貫白日。綽楔之榮、俎豆之奉，詎不宜哉？昔朱夫子於山僧、衛卒之立慬者猶爲之表章，況如公之一節終始有重於泰山者哉？遂書此，俾鐫于麗牲之石。

正統祠廟庭碑

正統之名何所本？本諸《春秋》。故傳曰"《春秋》大居正"，又曰"王者大一統"，此正統之名所由來也。

正統，所以辨君臣之等、嚴華夷之分，而斯文亦有居正、大統。孔子集群聖而大成，朱子集群賢而大成，尤菴宋子集群儒而大成，大成者爲正統也。

价川郡有山名正統。處士玄鳳謙奉尤菴、遂菴兩先生眞像于家塾，其子在默、在德創祠於正統山下，尤菴爲之主而遂菴配焉。三山李文敬公台重名其祠曰正統，手書而贊之，常窩李孝貞公敏輔又述文而張之。始終近百年而廟貌成，齋室、庖湢俱備，儼然一黌制也。鳳謙從曾孫膺洙、近洙，與一鄉髦士謀樹碑于廟庭，謁文于直弼。直弼義不敢辭，援筆而敍之。曰：

尤菴先生諱時烈，字英甫，恩津人，丁未生。寧陵盡禮聘召，官至左議政致仕。明陵己巳，受後命，甲戌，上大悔悟，復先生官爵，又贈謚文正。元陵丁丑，配食孔子廟。健陵戊戌，配享孝宗廟庭，命建大老祠于寧陵之傍，用寓一體祭祀之義。先生際遇孝廟，身任天下之大經，逮夫中塗泣弓，事無可爲，則退藏于華陽山中。而猶惓惓於世敎，以明天理、正人心爲己責，開先聖之道，闢異端之說，俾我左海一區知君臣、父子之倫，免夷狄、禽獸之歸者，卽先生賜也。功化之盛，孟、朱後一人也。

遂菴權先生諱尙夏字致道，安東人，辛巳生。擧遺逸，亦拜左議政，不起。辛丑卒，旋被士禍，禍及泉壤。英宗乙巳，復官，賜謚文純。始尤菴臨終，托後事于遂菴曰："學問當宗朱子，事功當述孝宗志業。"申之以"直"字之訓。遂菴傳習師教，倡明正學。及皇朝屋社之年甲申，建萬東廟于華陽洞，祭神宗、毅宗兩皇帝，遵尤菴遺志也。興復之計，歸此廟食，於戲悲哉！丁酉，幄對于溫宮，擧斯義仰勖繼述，丁寧懇惻，感格宸聽，至握手勉留，士林恨遭遇之晚也。

尤菴之出，時可以修攘；遂菴之不出，時不可以修攘。是所云“隨時而處中”，其揆則一也。尤菴言行滿一國，故俎豆之享，相望郡邑，而獨闕於關西，此正統祠之所由作也。兩先生傳道承統者，可俟百世而不惑。啓導趨向，尤莫急於西土，奚獨价川之正統祠乃爾乎？然天慳地閟若有待於是日者，豈偶然哉？盧阜、婺源非二程杖屨攸曁而崇祀焉者，以道德風烈允爲後學矜式，豈繫於其地哉？擧宋、權兩先生而特祀於正統祠者，卽以時措之宜也。必講《春秋》之大義，乃知斯名之稱情，而統紀可一，正道可明，而士知所趨也。

遠慕堂金公遺墟碑【丙午】

泰仁治之西三十里，有穹然而出於衆峯之間者，曰七寶山，又北東行數十里，抵古縣藍田坪而止。其淑氣之蜿蟺者，若有所鍾，卽故處士金公諱後進生長死葬之地也。鄕人士祭於其社，名曰藍川祠，後承立景肆齋，講公遺訓，又竪碑于攸芋焉。嗚呼！生使人敬之，歿使人思之，廟食于其土者，苟非仁心仁聞入人之深，如金石之不渝、四序之不爽，將何以致此哉？

公字丕承，貫于康津之道康，其先出新羅。入本朝有諱懷鍊，漢城府尹，錄開國勳。其後世居泰仁，爲湖南名閥。

公妙齡志學，師事李一齋先生。晦身研經，兼通濂洛群書，輯諸賢像贊及狀誌爲一編，昕夕觀感。晚喜讀《易》，極數知幾。逆賊鄭汝立要結姻，公牢拒，汝立至流觴臺邀，公又辭疾不往。

龍蛇之役，延平李公貴倡義於長城，公偕從姪大立同盟于南門，紀績在碑。公北望痛哭，曰："君父蒙塵，詎可晏然？" 癸巳，率家僮百餘，覲王于龍灣，與長子知白及宗族、鄕黨募義兵粟，又自出穀，從海路納于行朝，分餉高霽峯諸義帥者，亦數百包。仍倡言："天兵爲我暴露冒白刃，濱死而未免凍瘃，吾士民抱婦子安坐而視若秦瘠可乎？" 幷出機杼之儲，取給數千斤。天兵蹈舞，曰："吾曹之得無凍死，金公之力也。" 特除軍資監直長，辭不就。

公生稟至性，養親志物俱摯，廬墓啜粥者六年，手植松楸，爲一鄕所愛惜。及除制，扁其堂曰遠慕，因寓不匱之思。修譜系收世族，俾不忘本，壹遵伊川成訓。每値歲飢，出穀以濟窮乏，齎囊槖無戶不賙，炊釜鼎無口不糊，鄕人名其賑粥之所曰釜田。窮民多自鬻，公予其直而焚其券，曰："哀死而活之，又安可因以爲僕？" 公歿後數十年，又値大侵，其人自至而請服役者爲百餘，二子以遺意却之。

公以泰昌庚申十二月三日卒，距其生庚子爲八十一歲。公純於孝而盡終身之慕，篤於忠而著服勤之誠。船粟而納行朝，輸綿而衣天兵。倡義募兵而不有其效力，辭官高隱而不衒其所守。又能推本反始，恩及甿黎，所踐所言，允可爲法。是皆無所爲而爲者也。蓋因天分之美，而學問之功，亦不可誣，苟無父師之敎爲之先後，亦何以至於此哉？義烈洪公命亨銘其墓，頤齋黃公胤錫狀其行，微顯闡幽，爲學者所考信，於乎休哉！

公後孫炯厚慮公遺基之湮滅無徵，倡諸宗建碑記實，遣其弟昞厚及族孫麟欽，謁文于不佞，二君，從吾遊者也。辭以癃病垂死，而其懇彌篤，遂援筆而書之，用驗天定之孔固而神理之不忒焉。

白村金先生遺墟碑【丙午】

嗚呼！此故忠臣大冢宰金先生諱文起遺墟也。沃川郡南二十里，有社壇洞白池里，卽先生外舅吏曹判書金公孝貞之鄕，而先生館焉，因號白村。白村介於湖、嶺，擅泓崢之勝，且有穹巖如馬。先生嘗置亭於其巓，臨淸溪挹月岳，用寓眞樂。

宣德丙午，闡小、大科，由翰林歷揚淸顯，止吏曹判書，亦嘗按節關北，克壯鎖鑰。及世祖丙子五月，與成忠文公三問、朴忠正公彭年、李忠簡公塏、河忠烈公緯地、柳忠景公誠源、兪忠穆公應孚謀復上王事覺，　同六臣被禍，子縣監玄錫亦死，孫曾幷收孥。

英宗辛亥，命復先生官。正宗戊戌，贈左贊成，謚忠毅。辛亥，命配食于莊陵忠臣壇，玄錫與享朝士壇，遣宗伯致侑。

士林又俎豆於剡溪之上。上下之所崇報亦至矣。

先生金海人，初諱孝起。祖諱順，考諱觀，俱大官。妣管城陸氏，觀察使埤之女也。生稟異質，篤於倫理，喪祭壹遵《文公家禮》，居瘠幾不全，而日展墓號絶，人名其所曰孝子洞。及被逮諸公互相援引，而獨先生不服，人尤以爲烈。

生而盡其職，義也；死而得其正，榮也。欲與親黨含笑而偕臧者，諸公之志；"我自有定，何用言爲"者，先生之志，是豈差殊觀哉？夫生者，人之所甚欲，而捐百口之命，甘萬死而靡悔者，以君父決不可背，名教決不可負，綱常決不可虧。意義攸激，不知刀鋸鼎鑊之可畏，不必以得生爲安也。今去先生之世，餘三百年，而忠剛之氣，凜然如生，薄日月震乾坤，當與三相、六忠彌遠而彌彰。於乎盛哉！

先生田宅，俱沒入于官，而惟亭臺舊址，巋然獨存，鄕人士樹碑以識之。猶見遺風餘韻，披拂人間，得以憑弔景仰。有冒稱先生後屬者，如杜正倫之族城南、郭崇韜之哭汾陽，謀奪宗嫡，打訛閃姦，竟不能售，則至斷碑而極矣。先生殘邑剩裔，不忍其荒廢，爰謀改竪，謁文于不佞。不佞作而曰：

吾東之丙子，卽皇明之壬午。先生與方、鐵諸賢曠世一致，何憂堙滅而不稱哉？且先生以身殉國，蹈死如歸者，天理之所當然，何有於身後之名哉？然則區區三尺之刻，亦何與於先生乎？要使億世之下猶知有忠臣攸芋也。先生曾流絶海，有放鷴詩，辭氣悲壯，是爲端廟《子規詞》之賡歌歟。嗚呼欷矣！書此以歸之，俾鐫于碑陰。

楚冠堂康公遺墟碑【丁未】

會寧府治之東六十里豐山社都昆地，卽皇明遺民楚冠堂康公世爵攸芋也。

公淮南人，世爲將，三代死於兵。萬曆四十六年，建奴猖獗，帝命諸將出征，都督劉綎向牛毛嶺。始公父諱國泰坐事謫遼東，用武勇起徒爲裨將屬劉綎。時年十八，隨父軍中，父屢叱還，公潛伏帳外，深入虜地。父拊背曰："此何等地而汝隨我乎？"

天兵過嶺，衂於虜，公之父從劉綎死，覔父屍，藏于山中。是役也，吾東亦發兵助攻，公投東陣，被獲幾不免，又得脫，住遼城。經略熊廷弼致公麾下，勸復父讎。居無何，虜連陷開原、瀋陽，公躍馬墜城奔遼陽，遼陽又沒。公晝伏夜行，陷井壕幾死，到鳳凰城，與廣寧人劉光漢收散卒守城。光漢戰亡，公亦創重被擒，又不死。時城中人無不壯公者，或願以女妻之，公以父死未葬辭焉。

公念遼東、西失守，南還路絶，而東走朝鮮，猶得免薙髮左衽。涉無人地，鳥獸竄，渡鴨綠江抵滿浦鎭，徧遊關西。旣而北至會寧而居之，躬稼自給，以其餘急人之難，又能善鄉里信然諾，人樂與交歡。

公身長不滿七尺，目光爗如，習拳搏之術，便捷絶人，性倜儻多大節。見虜盜竊神器，天下事無可爲者，自放絶塞，與甿蚩爲伍。然人不見其戚戚。喜飲酒，從人取醉，雅言："於人無所求，然酒能忘憂，故不辭。"守宰聞公名招延，公知其賢否，不可於意者，雖請不往。或資以米貨，不肯以其物歸，立散去無餘。所居地邊胡，吾邦與胡互市，虜貨遍民間。公義不共戴天，不以絲髮近身。家濱豆滿江，江北卽胡地。地多茆，東民常取以葺屋，公獨葺以藁。其哀痛慘烈之志畢生不變者如此。

公嘗歷敍其族世及禍亂首末，遺其子，曰："吾父沒而未收骨，國亡而未復讐，不能滅死，托他邦爲命，雜作徒隷之間。生爲辱人，死爲羞鬼。我死必薄葬，令我負罪而見先人，是汝曹與我爲孝。"仍訓不析箸不異財，子孫同居如其戒。是見公之志節行治也。

公年八十四，卒於會寧之都昆地，時明室之不祀已二十有三年矣。以孫成勳推恩贈參議。聖朝以公爲天朝全節，寵遇其子孫，參大報壇享，許赴忠良科。又授司果、司勇祿，大政輒收用，冬夏賜衣資，歲以爲例。又劃給復戶二十七結，俾供公祀。列聖所以褒尙者，其盛矣乎！

公後孫漢柱、鵬禎，倡諸宗樹碑遺墟，謁文于不佞。不佞誦公風節當爲家之孝子、國之忠臣，齎恨而歿，凜凜有生氣，庶幾兩節幷弘，二理同極者歟。嗚呼！今虜運將窮，天下有事，其興師雪恥，宜必在吾邦，執殳前驅者，必公之後人也。是爲寧陵遺志而列聖之所遵述者，康氏乎，其勖哉！書此而歸之，俾鋟諸石。

金山老村李先生遺墟碑

維嶺金山郡南十五里賀老之村，即老村李先生攸芋之遺墟也。先生生於斯，卒於斯，又俎豆於斯。是爲“死徙不離鄉”之義，而韓文公所云“鄉先生歿而祭於社”者也。

先生諱約東，字春甫。正統辛酉，進士，景泰辛未，擢增廣文科，歷揚淸顯，五宰郡邑，三典營梱，又以千秋使朝天，終以吏曹參判陞知中樞府事致仕。弘治癸丑六月十三日，乘化，享年七十八。

先生早悟績學，博通經籍，立朝盡忠讜之言、匡濟之策。自耽羅歸，只持一鞭，旣而曰“此亦島物”，懸諸官樓。歲久鞭落，邑人畫其迹以寓慕。船行遇颶風幾危，搜幕賓漕齎一甲投海，波定利涉。州人名其所曰投甲淵，立生祠祀之。是蓋先生細行，而亦可驗素養也。

天資寬厚，而秉執堅確，不治産業，不喜浮華，人不敢雌黃。莅官剛正淸愼，關節不通，引年乞骸，優遊桑梓，以終其出處。故名實純粹，爲幷世群賢所尊慕而贊述焉，曰“玉壺淸氷”，曰“玉樹淸芬”，曰“心如水月，節若松筠”。佔畢齋金公至許以文武才德、詩禮戎律，　而歸廊廟調元之責，則先生之於懿望何如哉？

今去先生之日餘三百年，流風遺韻，與世寖邈。誦先生之廉貞，則擬諸鬱林之載石；稱先生之恬退，則譬以鑑湖之抽簪而已，能諦聲名事功振耀隆洽，蔚然爲國朝藎臣，皆本之學問者，尠矣。先生服事金江湖先生，與金佔畢、曺梅溪相契，以道義德業纘圃、冶遺緖，行治文章，爲儒林領袖。辭受行藏之各適其正者，在先生爲大德中川流也。凡稱人之善，必本其父兄師友，厚之至也。先生之造道成德，卓越乃爾，則淵源所漸，不亦盛哉！

先生卒而爲聖主所悼畫，遣官致侑，賜謚平靖，被淸白選，後昆世蒙收錄。且一鄕譽髦，妥靈于景濂書院。上下崇報之典，亦備矣。

先生內外子孫，蕃衍昌熾，指不勝摟，而名碩輩出，爲左海名閥。天之報施，其在斯歟。古語云："逢時積德，身受福慶。"又云："有德者必享其榮，以及其子孫。"信矣哉！公雲仍散居畿、嶺，或懼先生舊址，久而迷所，樹碑以表之。尸其事者，明峻、琮和也。昔程伯子《顔樂亭銘》曰："水不忍廢，地不忍荒。嗚呼正學，其何可忘？"直弼於先生亦云爾。

皇明都司充東援中軍施公遺墟碑

星州治東三十里大洞坊君聖山，卽皇明都司充東援中軍浙江施公文用遺墟也。

始萬曆壬辰，倭奴入寇，乘輿播遷西陲，請援于皇朝，朝議不一。兵部侍郎施公允濟，以館伴副使，力贊兵部尙書石公星達于天子，出兵救之。丁酉，又送其子文用爲行營中軍，隷都督麻公貴軍中。公積歲從戎，冒矢石臨陣賈勇，屢樹奇功。及天兵凱旋，公有疾不克歸，雅言"東方可久遠無事”，遂卜居于星州南法山坊。

崇禎丙子，建虜東搶，天下事有不忍言者。公遂遯于君聖山中，號其洞曰大明，結茅築壇，每月朔望，輒朝服焚香，北首四拜。又畫浙江山水于壁上，昕夕寓目。可見君親之戀，未一日忘于懷也。嘗讀《春秋》、四子，曰：“明乎斯義，則何往而非中華也？”或問戰陳之事，則曰“非去國之人所知也”，仍歔泣不自勝。然嘗著《兵學奇正》，用攄胸中所蘊，又晰象緯、醫、筮之學，有《堪輿指南》、醫、卜等書，佚不傳，惜哉！

公生于隆慶壬申五月五日，終于崇禎癸未，壽七十二。明年甲申，烈皇帝身殉社稷，皇祚遂殄焉。宣廟嘗愍公淪落不歸，且以成蹟可紀再用揭，致意肫篤，又以樞府祿終身。英廟念其崇報猶有未盡，命贈兵曹參判，兼銜如例。正廟特命本道表章遺址，皇壇親享日，宣賜宸藻于皇朝人後裔，公孫有榮亦與焉，仍命錄用。列朝所褒嘉者，亦摯矣。

公以所居聖山舊宅，畀明朝把摠徐鶴。徐鶴，亦中國人，與公同其行休，效力於危難之間，洵附驥尾而行者，亦奇士也。公歿，後承之居是鄉者，以月朔望拜，於禮無稽，遵大報壇儀，用三皇帝諱辰，登壇瞻拜，是亦述公義也。

歲壬辰，公七代孫致博，以公東征舊甲，率諸宗重修大明壇。甲午，構齋于遺墟，顔曰風泉，又將竪碑，未就。其子珽錫倡率諸宗，克成先志，又將竪碑，屬不佞爲文。不佞嘗慕公忠義風節。且不還中國，有見於伊川被髮，子孫賴以免於左衽。昔越將沼吳，伍大夫使於齊而屬其子；金將夷宋, 邵堯夫居其子於蜀, 用保家族。今公之爲, 與伍、邵兩賢曠世一揆。 苟不固有前知之誠而極觀象玩占之妙者, 亦何以與此哉? 略敘其本末, 俾鐫于碑陰, 百世之下, 尙識其爲大明處士云爾。

著者 **洪直弼**

1776년(영조52) 6월 13일 申時에 한성의 鑄字洞에서 태어나 1852년(철종3) 7월 17일 酉時에 鷺湖의 蘆漪精舍에서 향년 77세로 세상을 떠났다. 초명은 兢弼, 字는 伯應·伯臨, 號는 梅山, 本貫은 南陽이며, 諡號는 文敬이다. 평생 출사하지 않고 학문 강학에 힘써 近齋 朴胤源 문하에서 그 학맥을 계승하고 이를 후대에 전한 老論 洛論의 핵심 사상가이자 문인 교육자이다. 학문은 박윤원 외에도 老洲 吳熙常의 영향을 많이 받았으며 문하의 제자로 全齋 任憲晦, 重菴 金平默 등이 있다.

校勘標點

金昌孝

1956年 全南 長興에서 태어났다. 高麗大學校 行政學科를 卒業하였다. 民族文化推進會 國譯研修院 研修部 및 一般研究部를 卒業하였으며, 現在 海東經史研究所 先任研究員으로 在職하고 있다. 飜譯書로는《陶谷集》(共譯)이 있다.

金成恩

1986年 서울에서 태어났다. 延世大學校 國語國文學科를 卒業하고 同 大學院 國語國文學科에서 博士課程을 修了하였다. 韓國古典飜譯院 附設 古典飜譯教育院의 研修課程과 專門課程을 마쳤다. 現在 誠信女子大學校 古典研究所 研究員으로 在職하고 있다.

申相厚

1981年 서울에서 태어났다. 梨花女子大學校 哲學科를 卒業하고 同 大學院에서 碩士學位와 博士學位를 取得하였다. 韓國古典飜譯院 附設 古典飜譯教育院의 研修課程과 專門課程을 마쳤다. 誠信女子大學校 古典研究所 研究員을 지냈고, 現在 梨花女子大學校 哲學科 講師로 在職하고 있다. 飜譯書로는《周易正義》(共譯),《陶谷集》(共譯)이 있으며, 論文으로는〈朱熹의 未發 知覺論 研究〉,〈朝鮮朝 洛學의 未發心論 研究〉,〈王弼『周易』해석의 특징에 관한 연구〉,〈姜靜一堂의 工夫論과 그 哲學的 土臺〉등이 있다.

李貞恩

1983年 京畿道 抱川에서 태어났다. 誠信女子大學校 漢文教育科를 卒業하고 同 大學院 漢文學科 碩士課程을 卒業하였다. 韓國古典飜譯院 附設 古典飜譯教育院의 研修課程과 專門課程을 마쳤다. 現在 誠信女子大學校 古典研究所 先任研究員으로 在職하고 있다. 飜譯書로는《陶谷集》(共譯)이 있다.

※ 각 권별 校點者는 卷29 金昌孝, 卷30·33 金成恩, 卷31·32 申相厚, 卷34 李貞恩이다.

圈域別據點研究所協同飜譯事業 研究陣

研究責任者 辛泳周(誠信女子大學校 漢文教育科 教授)
共同研究員 金呂珠(誠信女子大學校 漢文教育科 教授)
金容載(誠信女子大學校 漢文教育科 教授)
柳浚景(誠信女子大學校 漢文教育科 教授)
李鍾德(韓國古典飜譯院 附設 古典飜譯教育院 講師)
責任研究員 成百曉
研 究 員 金昌孝 金炯奭
延錫煥 史京華
申相厚 李泳俊
李貞恩 金成恩
朴喜淨
潤 文 尹銀淑

校勘標點
梅山集6

洪直弼 著 | 金昌孝·金成恩·申相厚·李貞恩 校點
初版 1刷 發行 2019年 12月 31日
編輯·發行 학자원 | 登錄 2011.4.6. 第2011-14號
住所 (05355) 서울市 江東區 千戶大路 1121
電話 02-6403-1000 | 팩스 02-6338-1001 | 이메일 hakjaone@daum.net

값 30,000원
ISBN 979-11-6247-159-3 94810
979-11-87806-01-1 (세트)